AV女優19人の告白
ハタチになったら死のうと思ってた
中村淳彦
ミリオン出版
涼海みさ

小西まりえ

葉月もえ

有奈めぐみ

「家はメチャメチャ貧乏でした。公園で水を飲んだり、雑草を食べたり」

三田杏

「ギャルは見た目
じゃなくて信念。
私はずっと
ブレなかった」

丸山れおな

蓮実クレア

相沢みなみ

青山希愛

「AV女優は
キラキラしてる。
有名になって
幸せに暮らしたい」

水川スミレ

「小学校の卒業文集に将来の夢はAV女優って書きました」

桜ちなみ

成宮いろは

小早川怜子

第一章
死のうと思った女、これから死ぬ女

新條希 お母さんと弟がセックスしまくった

まぶしいほどの陽光が交差点を照らし、老若男女が行き交う。

副都心から少し離れた昔ながらの住宅街に、あるAVメーカーは建っている。白いビルディングの自動ドアをくぐると、紙に印刷された何人もの旬なAV女優たちの笑顔に囲まれる。ビルディングの中は肌色のAV女優たちに彩られ、淫まみれの楽園のように演出されていた。頭の中で妄想だけを張り巡らせるモテない男たちが、映像の力を借りて肌色の美女に囲まれる富裕層気分を味わう。ここは色欲の再分配の拠点といえる。

撮影、打ち合わせ、宣伝活動、本業、副業、学校、遊び——と、若いAV女優たちは忙しい。筆者は昼間の彼女らの空き時間に話を聞き、声をパソコンに起こし、原稿にしてメールで入稿する。何百度繰り返したかわからない。そんな慣れた日常の中で、稀に想定を超える告白がはじまったりする。

「3年前。我慢できないことがあって家出して、上京してAV女優になりました。家出した理由は、信じてもらえないかもしれないけど、お母さんと弟がセックスをしまくったことです」

新條希《のぞみ》（22）は北海道生まれのロリＡＶ女優だ。先に到着していた彼女は笑顔を見せることはなく、真っ直ぐ前を向いたまま重苦しい雰囲気を纏っていた。力強い口調を聞き、崩れない真剣な表情は機嫌が悪いわけでなく、伝えたいことがあることが理由だと、すぐにわかった。ＩＣレコーダーのスイッチを押した。

「家出したのは、19歳になったばかりのとき。3年前の真冬の時期。父親違いの2歳下の弟がいて、弟は当時17歳。弟のことはずっと嫌いでした。母は私を未婚で産んだ。だから、私は父親の顔を知らずに育った。だから両親が揃う弟が羨ましかった。僻みですね」

札幌に住む母親は、現在46歳。容姿は彼女にソックリで、童顔の男好きする風貌らしい。性格は徹底した恋愛体質で、自分の感情を常に最優先する自己中心的な性格だったようだ。

後先を考えずに愛情を注ぐ男はどんどんと変わった。恋愛関係は清算してやり直せるが、感情に任せて恋愛を繰り返すたび、消すことのできない子供が残った。

「弟の父親とは妊娠中に喧嘩して別れて、弟は生まれてすぐに父親に引き取られた。

弟の父親は他の女性と再婚して、同じ市内で普通の家庭を築いていた。家出の2カ月前、12月の終わりに弟は父親の家から逃げ出して、母親を訪ねてうちに来た。血の繋がってない継母や義理の弟がいて肩身の狭い思いをしていたらしく、逃げてきたって言っていた。弟が逃げてきてから父親から捜索願を出されたり、警察が来たり、様々なトラブルが起こって、ようやく状況が落ち着いたのは年が明けた1月の終わりくらい。私は弟のことは嫌いだったけど、弟は頑なに家に戻りたくないと騒ぐので、できる限りのことは協力しました」

実家は地域の貧困層が集められた巨大な団地の一角。4階建ての老朽した建物の最上階で、狭い2DKだった。弟がやってきてから4畳半と6畳の小さな和室は、姉弟それぞれで使用した。

「夜10時くらいになると、母親が弟の部屋に行く。毎日です。離れ離れで暮らした17年間の積もる話でもあるのかと、最初はそんな気にしていなかった。元々母は私に対して過干渉で、1日の行動とか交友関係を全部管理したがった。例えば携帯にエロ画像が1枚あっただけで、携帯をバキバキに壊したりするみたいな。母親の関心が弟に向いたことで楽になったし、正直よかったと思っていた」

2月。弟は帰りが遅く、新條希は母親と2人で夕飯中だった。母親は屈託ない笑顔で、自宅を舞台にした現在進行形の近親相姦をカミングアウトしたという。

「弟とセックスしている。それも毎日って。母親は『うち、最近毎晩弟の部屋に行っているでしょ。隠していつか見つかるより、先にあなたにバラしておいたほうがいいかなって。こんな関係になっちゃったけど、これからも3人で仲良く暮らしていこうね』って、すごく明るいノリで言われました。とりあえず、おまえが襲ったのかと弟を問い詰めた。弟は怯えた感じで、毎晩母から誘われるって暗い顔して言っていた。すごくショックだったし、2人を心から軽蔑しました。どうしようって、本当に頭を抱えた。確かに母はどうしようもないダラしない人間で、年下の男が好きなことは知っていた。私のお父さんも、札幌をフラフラしていたそこら辺の未成年と聞いていたし。そんな人間って知っていても、まさか実の息子に手を出すとは思わなかった」

母親と未成年の息子との近親相姦となると、児童虐待である。監護者性交等罪で5年以上の懲役となる重罪だ。父親と娘の父子相姦は、生物学的に父親の加齢臭がストッパーになると言われる。父親の臭いで不快になることが娘には本能として備わっているが、母子間にそのような近親相姦の防壁となる機能は聞かない。

「その日の夜、どうしようか寝ずに考えました。祖父母はもう死んじゃっていて、親戚に相談したくても、そんなことを言ったら大変なことになる。逃げるか悩んだ。私の中には答えはあったけど、私の世界では母親は絶対的な独裁者で母親なしに生きていけるかわからなかった。ずっと支配された母親を裏切ることがこわかった。それで、どうしたらいいかわからなくなって、ネットの掲示板で相談したんです。たくさんの人に家を出るべきと言われました」

たくさんの匿名メッセージに後押しされ、逃げる決意が固まった。翌日、家出することを決めた。

男がいないとき、私に執着する

新條希は血の繋がる母親、そして弟を深く憎んでいた。目の前で家族のことを思い出した彼女の憎悪に満ちた目だけで、その怨念は伝わる。

「私は父親の顔も名前も知らない。弟には両親が揃って、戸籍に名前も載っている。それが羨ましかった」

弟とは絶対に一緒に住みたくないと言い続け、ずっと別々に暮らしていた。

「嫉妬です。寂しかった。父親がいないのは大きなコンプレックスだし、そのことがコンプレックスとは母親には言えない。普通は片親でも、戸籍に名前が載っているじゃないですか。私はそれさえもない。籍を入れていないから父親が誰なのかまったくわからないわけです。世の中のほとんどは自分は持っていない家族とか父親を持つ人たち。だから家族、家族ってテレビとかコマーシャルでやられるとキツイです。私にはないものだし、関係ないことだから」

母親は高校卒業以来、ずっと水商売を転々とした人だった。

仕事や夜の遊びで知り合った男と恋愛を重ね、水商売の時給と、恋愛相手や客からもらうチップで娘を育てた。ホステスには寿命がある。新條希が中学生になった頃には、母親は若い時代のように稼げなくなり、生活保護受給者になった。

「彼氏はコロコロ変わった。いつも何人か同時進行で関係を持っている男性がいましたね。子供の頃、私の世界にはお母さんしかいなかった。お母さんに見捨てられたら、どこにも行く場所がない。だから、なんの仕事していようと、他の家庭と違っても、私は母のことが大好きでしたし、特に男に関してはなにも思わなかった。ああ、新しいお父さんが来たな。よかったね、みたいな」

　生活保護を受給してからは、夜の仕事や夜遊び、男性が変わる頻度が鈍った。中学生になって一緒にいる時間が増えると、時間を持て余した母親は娘に執着するようになった。1日の行動や人間関係をすべてチェックされ、母親に彼氏ができると、その執着は収まる。母親はプライドが高かった。よく言われていたのは「団地の人間は、底辺の貧乏人なので遊ぶな」ということだった。

「男がいないときは、私に執着する。男がいると機嫌はいいけど、デートに行ったまま朝まで帰って来ないとか、ご飯もないとか。ネグレクトみたいなことは頻繁にありました。遊んじゃダメとか、エロ画像とかくだらないものを見るのは絶対ダメとか、真面目に育ってほしいと思っていたんじゃないかな。あとは私がちゃんとした稼げる社会人になって、まっとうに育って、私を楽にさせて、とはよく言われていた。だから成績はある程度よくないといけないし、いい子でいないといけなかった。そういうプレッシャーは、ずっとありました」

　中学での成績は普通以上だったが、高校には行けなかった。進学直前になって「生活保護世帯だし、高校に行かせるお金は一切ない」と言われた。高校は諦めた。

「入試は受けたけど、入学金がないと言われた。そこまでの電車賃も出せないって言われて諦めた。生活保護のケースワーカーも高校行かないで働いてほしい、みたいなことを言いだした。結局、自宅で独学して16歳のときに高卒認定をとった。母親は、私のことを外に出したくない人。私は正直カラダを動かしたいし、バイトしたかった。バイトはしつこく頼んだけど、最後までダメでした。だから母親の所有物みたいな感じ。男がいないときは、一貫してそう。この子は私の子供だから、私の理想通りに育てるみたいな」

中学卒業から4年間。学校にもバイトにも行かず、母親に言われるままに家に閉じ籠った。出会いがないので、友達どころかまったく人間関係がない。許されたのは通信制の大学に入学することだけで、母親の顔色を窺いながら母娘だけで生活をした。

弟が家出してきたのは、19歳の冬。弟が家にやってきて母親は機嫌がよくなり、1日中弟の話をしている。本当に嬉しそうだし、楽しそうだった。

どんな悪いことをしてでも生きると誓う

弟がやってきて2カ月、夕飯を食べているときに母親から弟との近親相姦を明るい口調で告白された。衝撃で呆然としたが、母親は娘のショックには興味がなかった。母親が支配する家庭。家族の1日のスケジュールは、おおよそ決まっている。

真冬の北海道は過酷なほど寒く、積もる雪に阻まれて出歩くことはできない。日々の用事が終われば、家族はそれぞれすぐに帰宅する。

19時に家族全員が家にいる。夕飯になる。テレビを観ながら食事して、大抵は陽気な母親が1人でなにか喋っている。食事が終わると、弟が入浴する。弟は内向的な性格で食事、入浴以外は自分の部屋に籠る。母親は食器の片付けや洗濯など家事をして、21時頃に風呂場へと行く。母親の入浴は長い。40分~1時間くらいゆっくりと湯に浸かり、髪の毛を洗って眉毛のないスッピンに寝間着姿で出てくる。

記憶をたどると、確かに色気たっぷりの表情で、甘い声を出して弟の名前を呼び、襖を開けて部屋へと消えていく。覚えているだけで数回、そんな風景を目の前で見た。弟を誘惑し、騎乗位かなんかでセックスする姿を思い浮かべた。内臓がえぐられるような絶望感、吐き気がした。今までの人生で経験したことのない悪寒と嫌悪感、耐え難い現実だった。

「私が家族に耐えられずに家を出るわけだから、家からはなにも持たずに出て行こうと。財布には4000円くらいしかなかった。今思えば母の財布からいくらか盗めばよかったけど、あのときの私は、まだいい子でなければいけないって意識があった。そんなことはできなかった」

深夜に掲示板で家庭での母子相姦を告白して、見知らぬ相手に相談して家出を決めた。眠れない夜を過ごして、朝方に倒れるように眠って起きたら昼だった。リュックサックに洋服と下着、通信制大学の教科書、買ったばかりの安価な化粧品を詰めた。

母親と弟は18時半くらいに帰宅して、いつものように夕飯になった。母親は陽気に好きな韓流スターの話をして、弟は母親の話を興味なさそうに聞き流し、黙々と食べていた。弟は黙って食器を片づけ、部屋に戻った。22時頃、いつもより1時間遅れて母親はコンビニで売っている雑誌を持って、風呂場へと向かった。

「母がお風呂に入っている最中に家を出て、バスで札幌の繁華街に向かう計画でした。ただ、母はなにか察したのか、ちっとも風呂に入る気配がなかった。私に今後のことを話していた。鮮明に覚えているけど、そのとき強烈だったのは『もし弟との子供ができちゃったら、私の子供だと世間体的にまずいから、お姉ちゃんの籍に入れて、そしてあなたが育ててあげてね』って笑顔で言っていた。眩暈がしました。やっぱりこの家にいてはダメだと。どうして私が母と弟の子供を育てなきゃいけないの、と悪寒がして気持ち悪くなって汗がダラダラ流れた。ようやく母の話が終わって、風呂に入りに行った頃、バスはもう終わっていました。とにかく逃げる一心だったので、徒歩で行くしかなかった。家出すると置き手紙を残して、母の入浴中に変な人が入って来ないようにしっかり鍵かけて、ポストに鍵を落としたら一目散に走りました」

3年前の光景が頭の中で蘇っているのか、言葉は独白のようになっていく。覚悟を決めて逃げた日は、彼女にとって特別な日、頭の中で浮かび上がっているようだった。

「2月のまだ吹雪くことがある真冬でした。その夜は、ありがたいことに雪は降っていなかった。嫌な思い出しかない団地を抜け出して、ずっと雪道を必死に走って、振り向いてしまったら母が真後ろにいるような気がして本当にこわかった。必死だった。ようやく立ち止まったのは、線路を越えるために真っ暗なアンダーパスを通るとき。こんな夜中に1人で外を歩く経験がなくて、しかも真っ暗で古びていてすごくこわかった。でもそれより、母が追ってくるかもしれないのがこわかった。目をつぶって駆け抜けて、なんで私がこんな思いをしなくちゃいけないの、と悲しくなりました」

団地から2時間ほど歩いて、ようやく繁華街に着いた。ニューバランスの運動靴は積もる雪を踏みすぎて、グシャグシャに濡れた。足の指先が凍てつくように冷たかった。

「最寄りのネットカフェに着きました。店内に入って、たくさんのことを考えた。明日の朝、ネカフェを出たら死のうって思っていた。いくら考えても1人でどうやって生きていけばいいかわからなくて、もう自殺するしかないと思った。死ぬしかないと思うと、自分の人生なんだったのって虚しいし、悲しくなった。いくら思い返しても、母親の顔ばかりで、楽しいことはなにもなかったって。どうやって死のうかと考えていたとき、iPhoneを見た。元々我が家は生活保護世帯でそこに弟が転がり込んできた。生活はカツカツで、携帯料金も滞納している状態だった」

いずれ携帯は止まって、払えないからそのまま解約だろうって話をされていた。もう母親と連絡とりたくなかったので、携帯が止まっていることを願って画面を眺めた。

「まだ繋がっていた。母からの着歴がたくさんんで、なんだか今までの絶望感とか悲しみとかショックが、怒りに変わった。私が死んだって、あの人たちは死んだことに気づかず、今日もあの部屋で乳繰り合うと。どう考えても自分はなにも悪いことしてないのに、どうして死なきゃいけないのだろうって思った。母と弟に対する怒りが頂点に達したとき、どんな悪いことをしてでも生きてやると、心に誓いました」

パソコンに「家出」と打ち込んで、神待ち掲示板の存在を知った。未成年が家出したとき、最も必要なのは雨風をしのげる寝泊まりできる場所の確保だ。未成年が行政や警察に相談すれば、すぐに親元に戻される。家出少女たちは泊めてくれる人を神と呼び、神待ちという言葉は一般化した。

「神待ちの掲示板に書き込みました。泊めてほしいって。北海道なのでなかなか人は見つからず、会ってくれる人はいませんでした。そして翌朝も掲示板の書き込みは続けたけど、やっぱりダメ。家出生活が3日目になって、とんでもなくお腹が空いた。だんだんとお金も尽きて、ネカフェのドリンクバーでお腹を膨らませるのは限界でした。もう家を出てから3日間、なにも食べていない状態で足もふらついていた」

そのときの空腹は、今でも思い出すとゾッとする。

「ある作品のカードを集めていて、それは宝物だったので持ってきていた。カードを売れば、いくらかお金になる。歩くのが精一杯という体調で、カードを売りに行って、コンビニで一番安いおにぎりと鳥から1個を買って食べた。ご飯が食べられる喜びというか、もう感動みたいな感情が湧いてきて、涙が止まらなかった」

空腹と悪寒で全身が痺れ、死ぬと思ったあのときを思い出すと、「今こうして仕事して毎日ご飯が食べられるだけで本当に幸せ、心からそう思う」と言う。

「なんとかカードを売って、もう一泊漫画喫茶に泊まれたけど、明日からはもう宿なし。どうしようってときに目についたのは、路上で貰ったティッシュでした。チャットレディの求人があって、調べてみたところカメラの前でオナニーするだけ、それなら処女の私でもできるかもって思った。公衆電話から連絡した。家出したという事情を伝えると、今すぐに面接に来てほしいって言われた。無事に採用された。しかもライブチャットの仕事をした日、そのままチャット部屋に泊まってもいいって言ってくれて、仕事と寝る場所の両方をゲットした。本当に助かった」

毎日、小さなカメラの前で、言われるままパンツの上からオナニーした。家出から3週間後、チャット会社の店員に自宅に誘われてレイプされた。それが、初体験だった。

「痛かったし、こわかった……」

その部屋から逃げた。別のチャット会社を探しているとき、スカウトマンに声をかけられた。AV女優という仕事を勧められて、飛びついた。セックス経験はレイプの一度だけ、それでAV女優になった。彼女は出稼ぎAV女優だった。北海道から上京して、ビジネスホテルに泊まりながらまとめて何本も撮影をする。

「チャット部屋に泊まりながら、たまに東京でAVに出て、なんとか20歳の誕生日を待って、札幌に部屋を借りました。そしたら引っ越したばかりの部屋に、なぜかお母さんから手紙がきた。名前を見ただけでおそろしくなって、震えが止まらなくなった」

消印は実家近くのよく知る郵便局、住所は逃げた実家が書いてあった。

おそるおそる手紙の封を開けた。「○○（弟）は悪魔です。悪魔の子。私の子供は、あなただけ。もう一度、2人で暮らしたい……すぐに戻ってきてほしい」と、支離滅裂な文章が書いてあった。

「借りたばかりの部屋だったけど、すぐに解約しました。母親と絶縁するため、生涯二度と会わないために東京に行くことを決めました。それが2年前です。それから、今に至っています」

母親は生活保護受給者なので、お金はない。東京まで逃げれば、来ることはできない。安心して生きていける。男がいない母親は、彼女か弟に徹底的に執着する。母親に近親相姦を強制された弟の犠牲があって、新條希はなんとか逃げることができた。

今は都内のマンションに一人暮らしだ。今でも母親は頻繁に夢に出てくる。あの笑顔で「一緒に暮らそう」と追ってくる。新條希は必死になって逃げる。捕まったとき、お腹の底から絶叫する。飛び起きる。布団の中は汗まみれだ。見まわせば一人暮らしの部屋、母親はいない。

夢だと気づいてホッとする。そんなことを何度も繰り返している。

「死ぬ」と言う赤いTシャツの女の子

白いビルディングは色欲の再分配の拠点だ。モテない男たちに映像を通じて性的行為を提供して、その売上で成り立っている。

拠点には毎日、繁華街やインターネットを通じて確保された女性たちが運ばれてくる。海や川から水揚げされ、そのまま生鮮卸売り場に運ばれる魚とまったく同じだ。新鮮な生ものなので市場に出すのは早いほうがいい。確保された女性は素早くプロダクションに取捨選別され、AVメーカーに運ばれる。

AVメーカーには営業担当するプロダクションマネジャーと確保された女性たちが日々出入りする。面接と呼ばれる対面機会はAVメーカーに対する生身の女性の商品紹介の場であり、気に入られて購入となればデビューとなる。

どんなビジネスも仕入れが最も重要だ。新鮮なほど高く買われる可能性は高く、今は商品になることに頷いた女性たちも、明日同じ気持ちでいるかわからない。すぐに面接に連行される。確保の経路は路上スカウト、求人広告、関係者からの紹介、それに話題の脅迫による強要など、それぞれだ。芸能志望、借金返済のため、セックスが好きだからなどなど、女性たちの事情もそれぞれである。

拠点の一室では、今も最優先業務として商品を裸にする面接という品定めが行われている。チェックポイントは全裸のすべて。顧客であるモテない男たちの財布が開きそうとなれば、AVメーカーは購入を決める。

買われた女性はプロダクションの監視の下で撮影現場に入れ込まれて、用意されたサオ師に全身を隈なく愛撫され、巨根を性器に挿しこまれる。カメラマンはその猥褻な一部始終をじっくりと撮影し、その映像を切り貼りして法律に合わせて修正してDVDに焼き、全国にバラ撒く。女性たちのあらゆるものを商品化して、消費し、売れなくなったら切り捨てて新しい女性を入荷する。この一連はAV業界のルーティンワークであり、すべては日常風景で延々と繰り返されている。

拠点のエレベーター前、赤いTシャツの女の子が立っていた。年齢は20代前半、美人で胸が大きい女の子だった。たまたま同じ場所に居合わせて目が合ったので「面接？」と訊くと、頷いた。彼女は先日、よくわからないままインターネットを通じてプロダクションに応募した素人女性で、AV女優になるかは決めていないという。とりあえず説明を聞くためにAVメーカーをまわっているようだった。同行したプロダクションマネジャーを待っているという。

「AVに応募したのは、なんとなく。ホストに行くためかな」

なんとなく、赤いTシャツの女の子との会話となった。

「パパ活とか風俗とかは、もうやっていて、それでもお金が足りない。もう何年間も、カラダを売ってホスト、カラダを売ってホスト、それだけの生活です。正直、落ち込む。すごく悩んで結論は稼げなくなったら自殺すればいいってなりました。だから、稼げなくなってホストに行けなくなったら自殺するかな」

彼女は誰かしらに裸の商品になることを説得されている最中で、どこかのプロダクションが売り込んでいる女の子だ。事情がまったくわからないので、余計なことは一切言えない。営業妨害になってしまうと、危険なことになる。適当に相槌を打ちながら、一方的な話を聞いていた。

「ホストには、もう何千万円も使っていますよ。ホストにハマる前は、いろいろ夢とかあったけど、いろいろあってダメになった。すごく絶望しているとき、ホストのナンバーを上げるって目標が見つかったのね。お金を使えば、順位は上がる。達成できるとアドレナリンが出るというか、嬉しいし、面白い。そのお金でホストは別の女と美味しいものを食べている、ってわかっているけど、やめられなかった」

エレベーターはひっきりなしに上下し、忙しく人が出入りする。まだマネジャーはやってこない。筆者はほとんど言葉を返さず、よく喋る赤いTシャツの女の子の話を聞いている。彼女はよくわからないまま異様な空間であるAVメーカーに連れられて、気分が高揚しているようだった。

「今話しながら思ったけど、お金がなくなったら、私はやっぱり、どこかから飛び降りて死にます。飛び降りるのはこわいけど、一瞬で死ねそうだから。今応援しているホストは、この1年間くらいは私が一番お金を使っている。彼にとって、私がエースです。けど、エースが違う女の子になったら死ぬことにします。今日、面接でいろいろ訊かれて、やっぱりそう思ったかな」

最後、真顔で死ぬと何度も言っていた。会ったばかりのよく知らない相手に話すことではないが、たまにそういう女性はいる。簡単にいえば、病んでいるのだ。

今、AV女優で大きく稼がないと、今年中にエースは陥落する可能性が高いらしい。

「自殺するのは前から決めていたけど、今こうして話してそれは揺るがないって思った。まだ、せっかく生きているので、悔いを残さないで死にたい。だからネットで検索して、プロダクションに話を聞きに行ったんです。それが1週間くらい前かな」

信用できる家族や友達、恋人は誰もいないようだ。孤独である。孤独な中で心の拠り所であるホストを失ったら、やっぱり死しか思い浮かばないという。

「結婚して普通の生活とか憧れるけど、カラダを売った時点でアウトじゃないですか。普通の男の人は受け入れてくれないし、普通に生きることはもう諦めた。私にはタダマン目当ての男しか近づいてこない。好きなホストはお金がないと優しくしてくれないんです。だから、稼げなくなったら死ぬしかないかな」

ＡＶ女優として人気になれば、まだ稼げる。モラトリアムとなるかもしれない。だから、どうしてもＡＶ女優にならないと困るという。

楽園のように肌色の女性たちに彩られた白いビルディングは、色欲の再分配だけでなく、絶望する女に価値を提供し、命を引き留める場所でもあったのだ。

第二章

淫乱女子の憂鬱

小西まりえ　小学4年生に手マンとクンニする教師

2016年〜2018年、「実話ナックルズ」でAV女優インタビューの連載中にAV強要問題が起こった。騙された、脅された、違約金を請求されて辞められなかったなど、AV女優たちが続々と被害を訴えて社会問題になってしまった。

虚偽の誘い文句や辞めさせないための脅迫、違約金の要求は、正直なところAV業界には常識として根付いていたことだった。日常的なことで、改善する想像がつかない。非を認めて、足並みを揃えて、一致団結して改善するという三段階が達成できるとは思えない。不可能だと思う。想像通り、AV業界は説明責任から逃げて、問題の風化、隠蔽の道を選択した。そのような危機対応をしている間に問題はどんどんと大きくなって、ついに政府が動く事態に発展してしまった。

1982年にアダルトビデオが誕生して35年が経つ。誕生から現在までグレー産業のまま生き残ってきた。脅迫など明らかな犯罪は除いても、無許可で人材を有害業務であるAV撮影現場に斡旋するプロダクションは、明らかに各種労働法に抵触している。さらに斡旋先の撮影現場では、女性は本番をしている。摘発の前例はないが、どこかの撮影現場やプロダクションが売春防止法に問われてもなにも不思議ではない。AV業界にはこれまでにも様々な摘発があった。各種労働法違反を主にして何度も事件になっているが、さすがに政府までが動く事態は過去に例がない。

2017年4月26日。渋谷センター街でAV出演強要による若い女性に対する性犯罪根絶を呼びかけるパレードが大々的に開催された。安倍内閣の女性活躍担当の大臣が先頭に立ち、「なくそう！　若年女性の性被害！」と大きく書かれた横断幕を抱え、近隣の女子大学生や地域住民らと共に渋谷センター街を闊歩した。

渋谷スクランブル交差点を見渡せる壇上で、女性活躍担当の大臣は「性的被害という暴力の根絶は社会全体で取り組んでいくべき課題だ」と決意を述べ、警視庁生活安全部長は「街頭で『モデルになりませんか』と勧誘された後、AV出演を強要されるなどの実態がある。若者の夢を台無しにする卑劣な犯罪行為」と厳しい口調でAV業界を批難した。

大臣が先頭に立って闊歩した渋谷センター街やスクランブル交差点は、確かにスカウトたちによって女性たちの狩場となった場所だ。また生鮮食品に例えると、次々女性が釣れる漁場である。たまたま通りがかった女性に声をかけて、適当な言葉で釣り、本番撮影に誘導した人数はもう数千人規模であるはずだ。

芸能界や歌手デビューをチラつかせてＡＶ撮影に誘導したことや、違約金を要求して辞めさせないようにしたことに大臣や生活安全部長は憤っていた。本人たちが望まない性搾取は精神的、社会的に大きなダメージがあり、義務教育をはじめ高等教育機関にも補助金を出して子供たちを育成してきた国が、少子高齢化の中でグレー産業の実態を知って怒るのも妥当といえる。

報道の腕章をつけた様々な大手メディアは取材に入っていて、ＡＶ業界に対する抗議のパレードはその日のうちに全国に報道された。もう、絶句する風景だった。ＡＶ業界が目先の金が欲しくてやった行為が大変なことになってしまったのだ。２０１７年、２０１８年にはＡＶ強要の被害防止のための国家予算が組まれた。国は徹底抗戦するといった様相だ。

しかし、当のＡＶ業界はのどかだった。アダルトビデオを生業とするほとんどの人は国家機関のトップである大臣や生活安全部長が怒って抗議をしても、「面倒くさいな」といった様子で興味はなさそうだった。過去に例のない騒ぎを眺めて多少の改善をする者も若干いたが、基本的にはなにも変わらないまま現状維持を続けている。同じグレー産業でもパチンコはやり玉に挙げられて、表面上だけでもギャンブル依存症問題に取り組み、社会の一員になろうと必死だが、AV業界は社会と断絶した場所から動きたくないようだった。長年、治外法権みたいな場所で自由に生きることが許されたので、関係者は世の中の動きに疎い。興味もない。社会の一員にはなりたくない、グレーのままでいたいという本音があるので、抗議を受けてからも立ち止まることなく、グレーな本番撮影を続け、プロダクションはスカウトから女の子を確保して売り歩き、多くのAV女優たちはアダルトビデオが世間を騒がせていることを知らなかった。

筆者は関係者に会うたびに現状や見解を訊いた。ほとんどは「騒いでいる人がいるみたいだね」くらいの感覚で、あるプロダクションは騒動以前より応募女性が増えたと喜び、業界人同士で恐喝したとか、されたとか声が聞こえてきた。大臣に抗議されようが、政府がパレードを開催しようが、本当になにも変わっていなかった。

「セックスは好きです。ホントに。性欲は強い。超強いです。経験人数はわからないくらい。膨大な人数です」

小西まりえは喫茶店の個室に入ってくるなり、膨大な男性経験があることを喋りだした。取材はありのままでいいと伝えると、「本当にそのまま話していいんですか」と顔が煌めき、「やっぱり小学校のときの経験が影響したのかなって」と、とんでもない話がはじまった。

「実はね、小学校4年生のときの担任の先生に、ずっと手マンとクンニされていたんです。たぶん犯罪だから、あまり言ってはいけないと思っていて」

小学校4年生といえば、9歳だ。15年前の話になる。中部地方の地元の公立小学校での出来事のようだ。教師による性的虐待はよく事件となっているが、性の取材を続けていると被害に遭った女の子は頻繁に現れる。

小学校4年のとき、40代前半の既婚ベテラン教師が担任となった。彼女は「後藤(仮名)先生」と実名まで出した。後藤先生は子供にとにかく優しく、授業は熱心で、校内では絶大な人気があったという。

「後藤先生はすごく生徒に人気があった。誰もがいい先生って言っていた。小学校の教室って、教壇の隣に先生用の小さなデスクがあるじゃないですか。休み時間になると、クラスのみんなが先生の小さなデスクのまわりに群がる。私も先生のところに行った。それで先生、私にだけ手マンするんです」

犯罪なので聞き違うとまずい。もう一度事実か確認すると、彼女は大きく頷いた。詳細を訊く。

「チャイムが鳴ると、休み時間になる。午前中の10分休憩とか、短い休み時間、先生は職員室に帰らない。そうすると7、8人の生徒が後藤先生の机に集まって取り囲む。勉強を教えてもらうって感じじゃなくて、なんかワイワイするみたいな。私も先生が好きだったので行くと、スカートの中に手が伸びてきて、パンツの中に手を入れてワレメをいじる。最初はなにされているのかわからなかったけど、嫌じゃないし、自分だけ特別だって感じがして嬉しかった」

9歳には、性的知識はない。小西まりえも当然処女で、なにも知らない普通の女子児童だった。休み時間は常時生徒たちが、先生を囲む。先生は堂々と教室の中でスカートの中に手を突っ込む。そんなことを日常的に繰り返しても、周囲のクラスメイトにバレることはなかった。

「手マンはわりと毎日。日常。いつも。今思えば、けっこう指遣いは上手だった。子供が群がってワイワイしながらも、指先だけはすごく優しく転がす、みたいな。まだ生理きてなかったけど、指も入れていた。本当にこわいとか酷いとかまったく思っていなくて、私だけ特別扱いって気持ちもあったし、それ以上に自分の知らないことを体験しているというか、先生がしてくれることにワクワクしたかな」

また触られたい。そう思った。小学校には必ずスカートで登校した。

休み時間になると、一目散に先生のデスクに向かった。駆け寄り、先生の手が届く範囲の隣を陣取った。先生は目が合うと、必ず触ってくれた。

キモチよかった。キモチいいのは人には言えない、というのはわかっていた。親や友達に話したら、触ってもらえなくなると思った。誰にも言わなかった。

ある日先生から、給食が終わったら図画の教室に来るように言われた。

「昼休みは教室じゃなくて、絵具とか置いてある教材室に呼ばれた。私が行くと、鍵をかけられた。先生と2人きり。台みたいなところに座らされて、アソコを舐められた。先生ね、なんか、ひたすらずっと舐めていた。クンニは手マンとは全然違う感覚、舌遣いがうまくて、あまりにキモチよかった。ワクワクするし、私もそれしか頭になくなるみたいな。だから、昼休みになると、また舐められたいと思った。先生、今日も声をかけてくれないかなって、頭の中はそればかり。呼ばれたら、必ず教材室に行った。先生は鍵をかけると、すぐにパンツを脱がす。10分とか15分とか、ずっと舐められて、イヤらしい音とかして。『かわいいよ』とか『おいしいよ』とか言っていた。今でも鮮明に覚えているけど、まさにAVみたいな感じ」

後藤先生はクンニの前に「目をつむって」と囁く。

暗い視界の中で絶妙なテクで舌で転がされ、快感が全身に走る。恥ずかしいのと、少しくすぐったかった。

「フェラもしました。それはだいぶ経ってからですね」

ずっと休み時間に手マン、そして昼休みにクンニが続いた。愛撫を繰り返すと、関係はさらに深くなった。

先生との関係は1年間ずっと続き、5年生になって担任ではなくなって終わった。

「後藤先生には、すごく感謝している。まず、小学校4年生でそんな体験できないじゃないですか。今、性欲がすごく強かったり、セックス好きだったり、性的なことにすごく貪欲なのは、後藤先生がエッチなことをしてくれたからだろうなって。今でも、たまに思い出します」

15年前、ある公立小学校で起こった出来事だ。

後藤先生はクンニを続けた翌々年に退職。その後、自宅で学習塾を開いたらしい。

小西まりえのように後に淫乱女となって人生が好転し、性的虐待を感謝するのはどう考えてもレアケースだ。絶大な人気があったのに働き盛りの年齢に退職したとなると、女子児童への性的虐待行為がバレてしまったのかもしれない。

病んで、悩んで。どうでもよくなる

小西まりえは県外の最低偏差値高校に進学した。オナニーとセックスを覚え、高校生になってさらに回数は増えていた。朝、時間通りに学校に行けなくなり、友達の待ち合わせ時間も間に合わなくなった。教科書も宿題も忘れるし、バイトしても時間通りに行けない。誰からも「ダラしない性格」と言われた。

「高校時代はもう、セックスばかりです。経験人数はわからない。普通に覚えてないし、覚えきれない。とんでもない人数だと思う。世間で言う超ヤリマンですよ。事務所とかメーカーの意向でプロフィールは『経験人数10人くらい』って言っているけど、二桁は違うはず。私の意見としては本当のことを言った方がいいと思う。セックスって人間の本能に従順ってこと、ヤリマンって褒め言葉でしょう。高校時代はいろんな人とヤリっぱなし。なにも考えないで普通にしていたら、そうなっちゃった。AV女優になってから仕事でセックスするし、ファンもいるので欲望は収まっているけど、10代の頃は本当に激しくてメチャクチャだった。自分から誘うより、性欲強い人がわらわら寄ってくる。勝手に誘われる。ヤろうって言われたら、いいよみたいな」

小西まりえは「超ヤリマン」であることを語る。

高校生になってからは、近隣の小さな繁華街に仲間で集まった。時間通りに行けないので、仕事も続かない。たくさんのアルバイトを転々とした。ちゃんとしたいと思っていても学校、バイト先、繁華街を歩いているとき、あらゆる場所で男が近づいてきて誘われる。ほぼすべてが下心しかないセックスの誘いだ。時間があれば頷く。そして毎日、毎日、誰かとセックスになってしまった。

セックスすると、いろんな人に告白される。雪だるま式に彼氏が増えた。彼氏が同時に5人、さらに数人のセフレを同時進行した時期もある。1日にセックスのダブルブッキングをしないとこなせない人数である。バイト先や学校から「君はダラしない、常識がない」と何度怒られたかわからない。

男性教諭の性的虐待に感謝し、欲望のままに男とヤリまくる。なにも悩みはなさそうだったが、左手首、それと二の腕にリストカットがあった。

「17歳の頃、付き合っていた彼氏が凄まじいDV男でした。酷くなったのは同棲をはじめてから」

AV女優になる前、男と同棲していた。その男から凄まじい暴力をふるわれた。

「付き合っていたときも暴力はあったけど、一緒に住んでから凄まじくなった。相手は同じ年齢で、同じ飲食店でバイトしていた人。最初は向こうに一目惚れされて、まあ、いいかなって同棲したのがきっかけでした」

今のところの人生でただ1人だけ、2年半という長期間、恋愛関係が続いた相手だ。高校卒業してすぐ同棲して、一緒に生活すると些細な理由から暴力がはじまった。

「叩く、殴る、蹴る。胸ぐら掴んで引っぱたかれて、首を絞めるとか。スイッチが入ったら、そうなる。気に喰わないことがあったら、即暴力。独占欲が強くて、寂しがり。恋人とか女を思うまま操る所有物にしたい、みたいな感じ。ツラかった。本当にツラかったけど、別れようとか逃げようとは思わなかった。同じことを言うDV被害者は多いけど、暴力をふるわれるほど、この人は私がいないとダメ、みたいな精神状態になる」

激しく暴力を受けるうち、自分にもいけないところがあったかもと思い込んだ。

「顔とか見えるところは殴らない、パッと見てわからないところを傷つける。酷かったのは、エスカレーターから突き落とされたこと。それと家でお風呂場に引きずられて、湯船に頭を突っ込まれて殺されそうになったりとか。一歩間違えたら、死ぬ。あとはベランダで抱えられて、死ねよって落とされそうになったり。たぶん、彼なりの愛情表現。言葉でうまく表現ができないから手が出る。2年半、なかなか離れられなかった。17歳から20歳まで。その人と付き合ってからは、その人だけ。誰とも遊べないこともキツかった」

追い詰められて、リストカットした。手首を切ると、心が楽になった。

「病んで、悩んで。全部どうでもよくなるというか。わかりやすく言うと死にたくなる。でも、本気で死にたいとは思ってないから、手首切る。そんな感じ」

20歳のとき、別れた。すぐに上京する。束縛された暴力漬けの日々から解放されて、意気揚々と渋谷を歩いていたとき、スカウトマンに声をかけられた。セックスする仕事と聞いて、興味が湧いた。

「人肌が恋しいから何人もの男の人と付き合ったり、セックスしたり、そんなことしかしてないから。それに将来の夢とか、やりたいこともなにもない。だからAV女優はピンときました」

人気女優になれば、たくさんのファンに囲まれて注目される。毎日のようにファンレターが届き、イベントには何十人ものファンが集まる。

「寂しさは埋まるといえば、埋まる。男の人にお姫様扱いをしてほしくて、かわいいね、かわいいねって大事にされたい。わがままもなんでも聞いてほしい。元々、そういう性格。身のまわりのことを全部してほしい。簡単に言うと、執事というか。東京に出てきて今までの暴力とか束縛から解放されて、東京ではもっと自分のことを大事にしてくれる人と付き合おうって思った。だから、AV女優。本当にいい、自分にぴったり」

AV女優になってから、リストカットは一度もしていない。5年間であらゆるアダルトビデオに出演しまくったが、辞めたいと思ったことは一度もない。

有奈めぐみ　経験人数2万8000人

「経験人数は2万8000人くらい」

有奈めぐみ（39）は、当然のようにそう言った。

驚いて「男性の経験人数ですか？」と聞き直すと、「そうです。2万8000人くらい」と同じ言葉が返ってくる。10年間、毎日違う人物とセックスすると3650人。50年続けたとしても1万8250人にしかならない。性の現場を取材していると、様々な人が現れる。しかし、さすがにそこまでの膨大な経験人数は聞いたことがない。本人は「ヤリマンだっただけ、はは」と軽く笑う。どうしたら、そんな人数になるのか。

「まず、1日1人って計算がありえない。早かったわけじゃなくて、初体験は高校1年生。それから今までで、その人数。高校1年からヤリまくっていたけど、高校3年で一人暮らしになって飛躍的に増えたかな」

東京出身、渋谷のギャルだった。彼女が高校生だった22年前、ギャルブーム前夜で渋谷には派手に着飾ったギャルたちが群れていた。現在と比べれば、まだまだ景気はよく、それなりに希望を見ることができた時代だったが、当時のギャルたちは一様に未来に絶望し、今だけを楽しもうというエネルギーに満ちていた。あのときギャルたちが絶望していた通りに、日本は閉塞して未来や希望はなく、貧困が蔓延する荒れ果てた社会になってしまった。

「あの頃は、いつも同じ高校の友達と2人で行動していた。放課後に渋谷に行って、お互いにナンパされてヤったら、そのまま相手を交換してヤるとか。歩いて5分はかかるホテル行くなんて面倒くさいことはしない。駅を降りてすぐにナンパされて、そのままビルの踊り場でヤっちゃう。当時、スクランブル交差点のところにサラ金がたくさん入ったビルがあって、そこの非常階段の踊り場でセックスができたの。友達が上でヤって、私が下とか。駅を降りて2分でナンパされて、5分でセックスみたいな。長くても15分くらいで発射するから、そのまま男を交換する。ずっと、そんな感じでセックスばかりしていたから」

30分で2人。休憩を入れても2時間で4人、多い日になると一晩で20人くらいになるという。セックスは気持ちよくて、面白い。いくらヤっても飽きることがなく、1000人、2000人はあっという間に到達した。

高校卒業のとき、友達と3年間でセックスした男の数をおおまかに数えた。正確な人数は把握しようがないが、どう考えても8000人は超えていた。タガが外れたヤリマンギャルだったが、有奈めぐみは血筋と育ちがいい。

幼稚園から有名私学に通う筋金入りのお嬢様だった。富裕層というだけでなく、血統のいい子供が通うことで有名な学校である。先祖代々伝わる地元では有名な名家で、家族は全員同じ学校で育っている。

「幼稚園から中学校まで通いました。祖父、祖母から両親、兄、家族全員が同じ学校です。私はとにかく合わなかった、本当に嫌な思い出しかない。当然、金髪ダメだし、化粧もダメ。中学2年のときに一度金髪にしたことがあって、すぐに校長室に呼ばれた。次やったら自主退学って誓約を書かされて、とにかく学校側は迷惑みたいな感じ。どうしてもエスカレーターで高校に上がりたくなくて、近くの偏差値低めの高校を受験してギャルになった」

東京の上流階級や富裕層、芸能人の子弟は、幼稚園や小学校から私立に行く。早慶やMARCHの附属小学校は、本当に金持ちだらけだ。有奈めぐみの出身校は特に家柄がよく、同級生の親は医者や弁護士あたりで平均的、大物芸能人ならば普通以下で、財閥会長の孫、皇族などがたくさんいた。

「幼稚園、小学校から一緒の同級生とは誰とも話さなかったし、誰も近づいてこない。イジメじゃないけど、元々私は存在してないみたいな。まわりよりカラダの成長が早くて、小学4年生でFカップだった。身長も4年生のときに今の身長があったから、本当に大人びていて、小学生のときから大人っぽい服装をするようになった。中学ではピアスを開けたいとか、ギャルがかわいいとか、そういう感じになって。ヤリマンになったのは、たぶんお嬢様がつまらなかったから、その反動。うちの母親みたいに、そこ以外の世界を知らなければいいけど、私にはそれはちょっと無理だった」

偏差値40台の私立女子高校に進学した。初めて知った一般庶民の世界は、楽園だった。望み通りにギャルになって金髪にしてピアスを開けて、好き放題にスタイリングした。同級生の親は零細企業のサラリーマン、母子家庭など、知らない世界を見ることができた。入学してすぐ、隣にある私立高校の男子と知り合って初体験をした。

「バカ高校だったから金髪もアルバイトも全部OK、本当にユルかった。初体験が気持ちよかったから、エッチには拍車がかかった。最初の人が同じ年齢のスポーツマンで、その子がテクあってうまかった。それまでバージンロードはバージンでって、ずっと言われて育って。ダメって言われれば興味が湧く。その重荷がなくなって最初のスタートが気持ちよくて、マジでハマった。もっと、もっとってなった。それで高校1年の1学期には完全にギャルになって、渋谷でヤリマンするようになった」

剣道部に入った。部活が終わって、そのまま渋谷に向かうと到着は18時頃になる。制服はスカートをミニにカスタムして、胸を強調するために小さめのワイシャツを着ていた。歩けばGカップあった巨乳が揺れる。現役女子高生、巨乳でギャル、そしてヤリマンとなるとスペックは最高位で、駅を降りて30メートル先のスクランブル交差点までの間に必ずナンパされる。

そのままナンパしてきた男と信号を渡り、非常階段の踊り場に誘導して即セックスとなる。公共の場なので、プレイはショートカットだ。胸を揉んで挿入、即フェラで挿入など、発射までに数分～長くても15分。お互いセックスだけが目的なので、発射すれば用事は終わる。階段を降りて交差点で男と別れて、またセンター街やハチ公方面に戻ると、到着するまでに再びナンパされる。ビルに戻って、セックスとなる。

もうセックスはしない、今日は終わり。そう心に誓わないと帰ることができなかった。

「ドラクエみたいな感じ。もう次から次だから」

有奈めぐみは、ドラクエのように男やメガ勃起したチンポが次々と現れる生活を20年間以上も送っているのだ。

セックスは十人十色

「でも、私が学校を辞めたことで、両親は離婚になった」

名家は資産があるので経済的に困ることはない。しかし、上流階級だけの環境は世間体やプライドに縛られて生きにくいようだ。幼稚園から通わせた有名私学を辞めたことで、まず父親が激怒した。家庭崩壊がはじまった。

「どういう教育をしているんだって、父親は家を出てしまった。母親、祖母、兄、私で家庭はリスタートになったけど、もっと酷くなった。まず、すごく堅い祖母と私が合わなかった。祖母もすごいお嬢様で、孫娘がヤリマンギャルになったことが耐えがたかったみたい。とにかく私の顔を見ては、表情をゆがめて『おまえの存在が恥ずかしい』って言われた。祖母は長男の兄をとことんかわいがっていて、もう私のことは放っておいてくださいって感じだった。家柄がいい家庭って、長男が特別にかわいがられる。どこも、そう。それはわかっているので、兄ばかりなことに不満はなかった。普通の家に生まれたら悲観的になるかもしれないけど、一家の主になる長男が特別扱いなのは当たり前だから」

祖母はヤリマンギャルの孫と、目すら合わさなかった。父親がいなくなった家では祖母が一番の権力者だった。高校生になってから家族から排除された状態になって、家には居場所はないと思った。アルバイトと援助交際セックスでお金を貯めた。高校3年のとき、アパートを借りて一人暮らしをはじめた。

「自分が生活するだけじゃなくて、友達のヤリ部屋になっちゃった」

ナンパのセックスはサラ金ビルの踊り場が多かったが、セックス相手はナンパだけではない。彼氏、セフレ、友達と様々だ。10代でお金はない。いちいちラブホテル代を払えないので、仲間うちで一番最初に一人暮らしをはじめた彼女の部屋は、あらゆる友達に重宝された。

「もう24時間稼働です。自分だけじゃなくて友達を含めてのセックス部屋になってしまって、いつも誰かしらがセックスしているような状態。うちにヤリにきた男の子とか女の子は、部屋にあるタオルとかシャワーとか使うわけ。だから、みんなに500円とか1000円とかカンパしてもらって、そのお金を光熱費にした。何人かでうちに来たら、隣でヤっている子もいれば、ゲームしている子もいるみたいな。いろんな人が集まるから、私も成り行きでセックスしてしまうわけで、一人暮らしから経験人数は一気に増えた。1日10人とか当たり前だったし」

部活が終わってから、セックスの時間になる。夕方になると、知らない男からガンガン連絡が入る。直接知らなくても、友達の知り合いだったら住所を教える。部屋に行けばセックスができると噂になって、毎日のように知らない男が部屋を訪問するようになった。

「18時くらいから、続々と男が来る。1時間2時間単位で予定を組んで、セックスして帰す。最後に一緒にくつろぐ人はセックスフレンドでも上のほうで、あとはよく知らない男。結局、夕方から夜中までセックスばかり、次の日に眠らないで学校に行くとか。学校を休まないことが一人暮らしの条件だったから、どれだけ眠くても始発で学校に行って、机に座って寝ていれば出席はとれる。最後の男は車持っていたり、バイク持っていたりすると都合よくて、毎日10人くらいとセックスした後に男に学校まで送ってもらっていた」

高校卒業した。同級生は専門学校進学かフリーターになる。有奈めぐみは卒業式の日から風俗嬢になった。ファッションヘルス嬢になった。男といくらセックスしても飽きないし、経験人数は8000人を超えていたので、その道の才能があると思っての選択だ。収入がいいのも魅力で、なにも悩むことはなかった。

「セックスは十人十色、それぞれ違うわけ。それが楽しい。飽きない。手のつなぎ方、キスの仕方、全部が人それぞれ違う。男とヤればいちいち新鮮で、この人はこういうセックスしそうだなってことが当たると、よしって喜んでいた。趣味と実益を兼ねて風俗嬢になって、普通にお金に困ることはなくなった。そんな生活をずっと十数年間、続けた。男とヤルのを、ちょっと控えたのは5年前くらい。正式にAVプロダクションに入ったとき、私生活を見て『いくらなんでも、ヤリすぎ。他のモデルのイメージもあるから控えてほしい』って言われた。それでヤリまくるのは自粛しています。あまり繁華街には行かないようにして、大幅に人数を減らした」

前向きに風俗嬢をして、プライベートでもセックスばかり。刺激まみれの生活をしていると、いろんな出会いや誘いがある。風俗嬢になってしばらくしてから、セックスした男に誘われるがままAV女優になった。ずっとフリーで続けていたが、数年前からプロダクションに所属している。

祖母から絶縁された身であり、就職先は風俗。AV女優になって誰にバレようが不利益はない。巨乳なのでAV女優としてもそれなりに人気が出た。

本当の家庭崩壊

有名私学一家は退学をきっかけに父親が家を出て、高校3年のときに有奈めぐみも家を出た。家には祖母、母親、長男が残った。家系の恥と言われたヤリマンギャルが消えても、家庭崩壊は止まることはなかった。

初体験以降、セックスに溺れたのは、家庭と家族のことを思い出したくなかったから。セックスに漬かる現実逃避である。楽しさや気持ちよさも重なって歯止めが効かなくなり、経験人数が1万5000人に達しようというとき、突然母親から連絡があった。兄の精神崩壊を聞かされた。

「兄は3歳上、大学在学中に頭がおかしくなった。どんどん悪化して引きこもりになって、最終的には統合失調症になっていた」

母親がパニック状態になっていて、実家に戻った。祖母も認知症になっていた。

「兄はメチャクチャでした。本当に狂人みたいになっちゃって、絶叫して暴れていた。髪の毛を掴んで馬乗りになって、絶叫しながら暴力をふるうみたいな感じ。私は外に出ちゃっていたから、たまにボコボコにされるくらいだったけど、母親は悲惨だった。母親は包丁で刺された。母親が刺されたときは本当に大変で、警察から『お兄さんがお母さんを刺しました』って連絡があったから。病気の最初の頃は、いきなり豹変するから負けちゃっていたけど、ずっと剣道やっていたから暴れたら竹刀でやり返した。最後は妹に殺されるって、兄は警察に駆け込んでいた。そのまま精神病院に措置入院」

おかしくなった兄は、治ることはなかった。精神病院で精神薬を処方されて、さらにおかしくなった。暴れ続けて副作用も酷く、薬漬けの処方カスケード状態になった。自分の思い通りにならないと、とにかく暴れてなにかを訴えた。

「狂った元々の理由は父親にある。父親も兄と同じで、長男として甘やかされて育って俺の物は俺の物、おまえらの物は俺の物みたいな感覚だった。兄は子供の頃、父親の友達の変態に『好きにしていい』って提供されたことがあるの。家族4人で外食に行くのに、たまに変なおじさんがついてくることがあった。私はしっかりした子供だったから、最初から変だなって思っていた」

兄がトイレに行くとき、おじさんもついて行く。父親は「あの人は独身で寂しいから」というようなことをつぶやいていた。

「私もハグとかされて、その人の触り方が気持ち悪かった。一瞬で変態ってわかった。子供の頃、おじさんの肌の触り方が気持ち悪いって、母親に訴えたことがある。母親は、それを父に伝えた。そうしたら父は『娘は俺の物だから、友達に好きにしていいって言ってある』って。兄は変態にされるがままだったみたいだね」

祖母が認知症、兄が狂い、資産は底をついて母親はお金に困るようになった。有奈めぐみは母親に生活費を援助するようになり、しばらく実家を支えたが、兄の症状は悪化の一途で、どうにもならなかった。10年間以上、混乱は続いた。

震災の年、兄は自分の部屋で首を吊って自殺した。

「私が死ね、死ねって言った。そうしたら、死んでくれた。はは。その日は母が頭蓋骨を骨折して、また運ばれたの。やっぱり薬が変わったときはヤバくて、暴れるのもそのタイミング。母が刺されて数カ月の入院になったとき、警察に通報したけど逮捕はされなかった。兄に次やったらわかってるな、おまえ殺しにいくからなって話になって、ギャーって喧嘩になって。電話で死ねって叫んで、それで本当に死んだ。第一発見者は警察で、自殺を聞いたとき、やっと死んでくれたって笑った」

兄をかわいがっていた認知症の祖母は、自殺を聞いても理解できていなかった。

母親は予感と覚悟があったのか、通夜も葬式も涙を流すことはなかった。兄の自殺から1年後、今度は家を出てから一度も会っていなかった父親の自殺を聞いた。

「ジャックナイフで首を切ったみたい。即死って聞いた。理由はわからない。殴り書きの遺書があったみたいだけど、詳しくは知らない。連絡とってないし、興味もないから、お父さんが死んだときも笑っちゃった。一応葬式には行ったけど、首切って死んだって聞いて、なにそれみたいな。笑っちゃった」

兄の死も父親の死も、なにも悲しくなかった。逆に死んでくれてよかった、と思った。だが、なにか得体の知れない寂寞感に襲われた。

1人で部屋にいられなくなった。井の頭線に乗って渋谷へ行く。最初に声をかけられた男と、そのまま道玄坂を上ってセックスした。高校生のときのように、それを何度も繰り返した。胸の奥につっかえた寂寞は、何度男と肉体を交わしても消えることはなかった。

涼海みさ　ヤリマンは、本当のこと

「ヤリマンとかセックス好きは、もう本当のことです。子供の頃からやりたいことがセックスくらいしかなかったの……マジです」

美少女AV女優・涼海《すずみ》みさ（20）は、腕を組みながらしみじみとそう語る。

2017年7月現在、彼女にはセックスフレンドが7人いる。基本的に毎日、毎日セックスしているという。

近くの公園での写真撮影のとき、歩きながら直近の肉体交遊を訊いた。昨夜、25歳シェフの家に泊まり、3時間前にセックス。セックスしてシェフは店に出勤、ゆっくりとシャワーを浴びてから、この取材に来ている。さらに一昨日は居酒屋で声をかけられた50代中年オヤジとそのままラブホに行き、濃厚姦。3日前は今一番気に入っているセフレの18歳大学生と鶯谷のラブホテルで何度も肉体を交わしたようだ。

彼女は専業AV女優で、日々男優と激しい絡みをしている。さらにプライベートもすべてセックスのようで、まさに肉欲にまみれた生活を送る。

「未成年の頃からセックスしかしていない」

笑いながら、そう言う。初体験の話から聞くことにした。

「初体験は中学2年のとき、従兄となんですよ。私は4人兄妹で、従兄弟も4人で親戚が多い。生まれた頃からよく知っている親戚で、本当の幼馴染み。同級生で、同じ小学校、中学校でした。お盆とか正月は親戚で集まって、子供は一つの部屋に雑魚寝だったの。小さい頃から隣同士で寝ていたけど、中学2年のとき、従兄がおっぱいを揉みだした。それで勝手に興奮しだして、パンツを脱いでいきなりズボみたいな。同じ部屋に兄妹が何人もいて、親戚中が隣の部屋にいるのにヤラれちゃいました」

8人の子供が10畳程度の同じ部屋で肩を寄せ合って寝ていた。そんな中でセックスをすれば、当然バレる。

「中学2年のときはまだおっぱいが小さくて、小さいと思われるのは嫌だなくらいしか頭になかった。でも、お兄ちゃんにヤっていたのを気づかれちゃった。おまえらヤってただろう、って。セックスもよくわからないし、血縁者同士でしちゃイケナイってわかってなくて、後々問題になった。噂が学校にもまわっちゃって、それからその従兄との関係も気まずくなった。従兄は謝ってこようとして、家の電話に何度もかけてきて、最終的に親にもバレた。私は全然嫌じゃなくて、むしろ嬉しいくらいだったのに親は怒っちゃった。散々、従兄妹同士はダメだぞって言われた。それから親戚の集まりはなくなりました」

私立女子高に進学してから、本格的にヤリマンになった。

「寂しがりで、1人でいられない性格。1人でいられないから家に誰か呼ぶか、人の家に遊びに行く。必ず誰かいないとダメなんですよ。寂しがりがヤリマンのそもそもの原因で、高校生のときから今も変わってない。放課後とか、女の子より男の子を求めて、出会い系サイトを駆使しておじさんとか、若い子とか。男の人に学校まで迎えに来てもらって、その人の家に泊まってセックスとか。本当に毎日。週5日くらい。新しい人も多いけど、リピートも多かった。ヤリすぎて、詳しいことはあまり覚えてない。特定の人がいない状態で、いろんな人とセックスし続けた。だから、高校時代は一度も彼氏ができたことはないです」

恋愛には束縛、独占、嫉妬などが付き物だ。セックスしか頭になかったので、セックスがやりづらくなる恋愛には興味なかった。女子高のクラスは下ネタばかり。クラスメイトに数人同じようなセックス好きのヤリマンがいて、学校ではお互いにひたすら昨日ヤった男の話をした。とにかく毎日盛り上がった。

「高校3年間で300人はヤっていると思う。本当にセックスばかり。出会い系とか使うから、これは酷いでしょって男の人もメッチャたくさんいました。薬物中毒みたいなのもいたし、信じられないハゲとか。でもタイプじゃない人とか、ブサイクな人とか、超おじさんでもエッチがうまいかもしれないじゃないですか。ハゲ頭のおじさんにひたすらクンニされるとか、けっこう悪くないんですよ。頑張っている感じも面白いし。その可能性を信じて、どんな男でもとりあえずヤる。汚い人は無理だけど、デブは大丈夫。ちょっとブサイクでエッチが下手とか、そうなってくると無価値なので、判明したら即バイバイしますね」

地方なので繁華街は狭く、遊んでいれば知り合いとすれ違う。相手を選ばずにホテルに行きまくれば、たまに会ってはいけない人と会ったりする。

「一時期、隣町の市長がセフレだったこともあった。3Pしたがっている人がいるって友達に誘われて、呼ばれてホテルに行ったら市長だった。市長は未成年が大好きで、お金もたくさんくれた。一度だけじゃなくて、3PとかSMっぽいこととか、いろいろやりすぎた。お尻がぷりぷりしてかわいくて、友達と『ペンギンちゃん』って呼んでいた。ペンギンちゃんは責められるのが好きだから、3Pでは友達と上と下でわかれてヤった。乳首舐める担当と、フェラ担当とか、延々責めるんです。挿入は交代交代で『ペンギンちゃん、今日はどっちに出したい?』とか聞いて。市長はいいおじさんだった。面白かったし」

検索すると、話に出た市長は再び選挙に当選して現職だった。市のホームページのプロフィール欄に子供たちとスポーツをしている写真が掲載されていた。市長は巨乳で童顔の涼海みさがお気に入りで、よく顔面発射されたという。

どうしても、早めに死にたい

「本当に遊びに遊んだけど、そこまでなっちゃったのは家庭が荒れていたから。家庭のことは詳しく言いたくないけど、簡単に言えば帰りたくなかった。なかなか酷い家庭だったと思う」

4人兄妹の2番目、兄は家に嫌気がさして中学卒業と同時に家を出て東京に行ってしまった。彼女はヤリマンになってから知り合った男の家を転々として、帰るのは週2、3日だけ。どんなに奔放な生活をしても、親はなにも言わなかった。

高校3年の夏休み。出会い系で関東在住の同じ年齢の引きこもり少年と知り合った。メールと電話で意気投合した。少年に「こっちに来ない？　付き合ってほしい」と言われた。お金はあったので、会いたくなって上京した。

「仲良くなりすぎて、好きになっちゃった。今まで、そんなことはなかったのに」

関東まで会いに行って、そのまま帰らなかった。高校は中退した。

「完全な家出。好き放題しても、家出までは許されなくて、親にはさすがに捜索願い出されました。高校生になってからセックスばかりで、やりたいことを自由にやりすぎて、おかしくなっちゃった。別に高校卒業してもしなくても、自分1人で生きていけるって自信はあったし、もうそのまま、自分の思うままにやりたいことをして生きていこうって。やりたいことって偉そうだけど、セックスになっちゃう。でもセックスばかりしていたらお金をくれる人とも出会ったりして、生活に困ることはない。生きていくのは簡単って思っていたし、それはやっぱりそうだと思う」

引きこもりの少年と上野駅で待ち合わせて、そのまま鶯谷のラブホテルへ行った。想像した通りのかわいい少年で、さらに愛着がわいた。鶯谷でセックスして、付き合うことになった。初めての彼氏である。

「AV女優になるまで、半年間くらい付き合っていました。彼の自宅で同棲して、彼の親もいたけど、事情を話したらしばらくいなさいって。洋服屋さんでアルバイトして稼いだお金のいくらかを、その人の家に入れていました。それなりに幸せにやっていたけど、やっぱり他人の家だし、だんだん申し訳なくなった。ちゃんと1人で生きていける仕事しなきゃと考えて、風俗とか援助交際しか浮かばなかったけど、自立しようって。風俗やるならAV女優もいいかなって、そのままプロダクションに応募した。だから18歳でデビューです。出演料もらって、彼氏と彼氏の家族に別れを伝えて、一人暮らしはじめました」

誰も知らない東京で、一人暮らし。毎日、寂しくなる。出会い系を毎日いじるようになって、1人で繁華街に行くことも頻繁になった。繁華街でナンパされたら、若者でもハゲオヤジでも頷いた。そのままセックスした。人気AV女優になっていたが、それは隠して高校時代のようにヤリまくった。毎日、誰かしらと肉体を交わす。東京で1人ずつ知り合いが増えていった。

上京して2年が経った。日々の積み重ねで、セックスフレンドは常時5人～10人を確保できるようになった。寂しくなったら会える人、1人で眠りたくないとき、泊まることができる場所はいくつもできた。AV女優としても人気が出て、収入にも困ったことはない。

「やっぱり、したいことがセックスしかなくて、なにもわからない東京での生活はセフレに支えられているかな。だから、恋愛感情が入るとよくない。恋愛しちゃうと生きていけなくなる。好きにならないようにって、それはすごく気をつけています。向こうは都合がいい女ってことで、私と付き合っていて、私も同じ、それが一番いい。ちょうどいい。そんな人間なので、将来的に自分で家庭を持つとか無理だし、諦めています。将来は妄想でも想像つかないですね」

家に帰りたくないことからはじまって、セックスに狂った。セックスは楽しいし、楽しいことをしていれば近くに誰かいてくれて、経済的にも困らなかった。意識しないうちに、すべてが好転した。

ただ、こんなに素敵な生活を10年後も続けていられるの？　若くて巨乳だからAV

女優として活躍して、街で次々と男を確保できている。若さを失ったらすべてを失うことになるんじゃないか。そう思っている。たまに深く悩むが、加齢は止められないので本当に不安しかない。考え出すと深みにはまって、胸が締め付けられるように苦しくなる。

「女って若いうちが華じゃないですか。だから私、早めに死にたい。もうセックスは思い残すことがないくらいヤリまくったし、AV女優にもなったし、いろいろ経験したなって。そろそろ、死んでもいいかなって思う。今以上に楽しいことは、もうないと思うし、たぶんそれは間違ってない。だから、死ぬかな」

超健康体だ。死ぬなら、自殺するしかない。彼女の考えはやりたいことをやって、やりたくないことはしたくない。だから、死を自分で決めるということだ。

現在の日本の状況を見ていると、未来はとことん暗い。恋人も家族も作らず、今日のセックスと快楽にこだわった彼女がその選択をすることは、そんな悪いこととは思えない。

「自殺するのは、本当は20歳の誕生日って決めていた。けど、20歳の誕生日は過ぎちゃった。だから死ぬことはいつでもできるし、今を楽しもうくらいの感覚でいる。どうしても、長く生きたくない。これから結婚も恋愛もするつもりないから。自殺の方法はいろいろ考えた。自宅で首吊りも、どこかに駅で電車に飛び込んだとしても、人に迷惑がかかる。迷惑がかからない方法で死にたいから、樹海とかに行くと思う」

タガが外れたようにセックスに狂った高校1年生から5年、あらゆるセックスと快感を経験して、セックスで稼いだお金で美味しい物もたくさん食べた。思い残すことはなくなったという意味で、死はこわくなくなった。

「中年になって醜くなってまで生きたくない。若いうちに死にたい。それは、どうしても実現させたいな」

最後に笑顔で、そう言っていた。

桃井望変死事件

死んだ、死にたい、死のうと思った――この連載は、なぜか死の話が多い。取材だけの話ではなく、AV業界は本当によく人が消えたり、死んだりする。間違いなく、死に近い世界である。

エロスとタナトスは紙一重と、よく言われる。ＡＶ業界には様々な人々が、様々な事情を抱えて、様々な経路で女性のセックスを換金するために漂流する。

もう一度、アダルトビデオ産業を簡単に説明すると、モテない男性が要望する女性を集めて、業者が口説いて裸にする。頷いた女性を撮影現場に呼んで、カメラの前でセックスさせる。セックスも様々な行為やシチュエーションがある。そのときにモテない男が興奮する最大公約数の行為をさせて映像に収録する。映像を法律に合わせて修正して販売する。ＡＶ女優たちは刺激を受けて気持ちよくなるほど商品価値は高まり、ほとんどの場合、徹底的なプライベートの切り売りとなる。男たちに激しく消費されるので長く継続できない。極めて刹那的でＡＶ女優に未来はとても見えない。少なくとも普通のビジネスとは言い難い。

だから社会の片隅か誰の目にも留まらない断絶した場所で、ひっそりと生きてきた。激しく消費された女は用がなくなれば使い捨てられた。社会的には有害業務という扱いなので、モテない男たちに飽きられるまで価値は認められても、キャリアや職業が認められることはない。

ここは未来を一切考えないで、今、気持ちいいことに踊り狂う宴なのだ。一般社会の24時間とは違う時空を生きながら、価値が認められている間は、なにも考えないで宴に狂う。そういう空間である。アダルトビデオの誕生から35年間、ずっと宴は続いている。しかし、参加者はどんどん入れ替わる。ずっと踊り狂っているので途中で脱落した人、消えた人、踊れなくなった人のことは誰も気にも留めない。

宴は特別な時間で刺激が強く、楽しい。でも、いつか終わる。終わってしまえば、どこにも行き場所はない。知らないうちに生と死の境界線を生きることになる。まさに異界と呼ぶにふさわしい場所なのだ。

次の宴はどこにも開催されていないので、一歩踏み違えば、死が待つ。筆者は長年、AV業界の取材を続けているが、あっちの世界とこっちの日常（一般社会）とはやっぱり時空が異なるように感じる。

今から15年前、異界で大きな事件があった。

2002年10月12日。当時、最も人気があった超人気AV女優桃井望が長野県塩尻市の河川敷で首から下が焼かれた変死体で見つかった。「桃井望変死事件」である。

被害者がAV女優だったからか、加害者が死刑に相当する重大事件にもかかわらず、当時マスコミ担当していた長野県警副署長は「事件と事故の両面から捜査中」と繰り返すばかりだった。

事件捜査にあまりにも乗り気でない警察に違和感を覚えたが、しばらくして蓋を開けてみれば、一切の捜査をしていなかったという。警察がまともに対応しないので事件報道はスルーとなり、スポーツ紙と一部ワイドショーだけが他殺の可能性がある不可解な事件として、独自に取材して報道した。

筆者が一報を聞いたのは、スポーツ紙が大々的に報道する2日前だった。知り合いのメーカー社長から自宅に電話がかかってきて「桃井が死んだよ。焼死体で見つかったって」と聞いた。当時、桃井望は超人気のトップ女優だった。いくらなんでも、耳を疑った。

本当だったらとんでもないことだ。念のために中堅週刊誌にメーカー社長から聞いたことをそのまま伝えたが、信じてもらえなかった。

事件当時のAV業界はレンタル、インディーズ、違法撮り下ろしの薄消し、海外向け無修正など、すべてが売れていた。現在では考えられないほど景気がよく、女性の供給は常時足りない状態だった。桃井望はどんな媒体にも出演する企画単体女優で、凄まじいリリース数で知名度を上げ、誰もが認めるトップ女優だった。

当時ＡＶ女優は供給不足であり、どんな手段を使っても女性を獲得する、そういう時代だった。当時のＡＶ業界はお金のためならば手段を選ばない不穏な空気が蔓延していて、今で言う「出演強要」は、現在の50倍〜１００倍はあっただろう危険な状況だった。人権どころか、女性に対する騙し、強要、脅しなどは常識で、ＡＶ業界は完全に治外法権となっていた。

ＡＶ業界内での表に出ない暴力も凄まじく、誰かがやられた、ケガしたなどは日常的に耳にしていた。

そんな調子なのでビジネスの根幹であるか弱い女性に対して強要は当たり前、違法メディアへの斡旋だけでなく、レイプや暴行紛いの撮影も日常茶飯事だった。追いつめられたＡＶ女優が辞めたくても、違約金を要求され、辞められないといった悲劇は何度聞いたかわからない。

そのような荒れた時代に、桃井望の死の噂が飛び交った。

そして２００２年10月16日、本当にスポーツ紙一面に「無残人気ＡＶ女優変死」とスクープとなった。なにが起こってもおかしくない最悪な世界とわかっていたが、まさか女優を焼き殺すまでかと身震いした。

紙面には、どう考えても自殺や無理心中ではない事件の詳細が記されていた。殺されたのは桃井望（23）と、恋人の酒井宏樹氏（24）だった。事件当日20時55分に通行人から奈良井川の河川敷で「乗用車が燃えている」と通報、駆けつけた消防車が火を消し止めた。焼け朽ちた車内から酒井氏の黒焦げの遺体、車から数メートル離れた場所に、首から下を焼かれた桃井が仰向けで倒れていた。

2人の遺体にはわき腹や背中など、数カ所刺された傷があった。そして桃井の遺体の横にワイングラス2個と蝋燭2本、バラが3本ささったワインの瓶が転がっていた。ホンダオデッセイ車内で見つかった酒井氏の焼死体は、頭蓋骨に損傷があり、左手に包丁が握られていた。彼は右利きだった。車内はすべてドアロックされていた。事件直前まで2人が一緒にいた自宅には、靴がそのまま残され、ノートパソコンは開いたまま充電中だった。争った形跡はなく、なぜか玄関ドアの内側に男性の下腹部を撮影した写真のコピーが貼られていた。

事件直前20時頃、酒井氏は地元の友達に「これから遊びに行くからね」というメールを送っている。事件当日に撮影された超楽しそうにツーショットで写る2人の写真も見つかった。当時、数少ない密着取材にあたったA記者に話を訊く。

「長野県警塩尻署が初動捜査をしなかった。それだけです」

なぜ、長野県警は捜査をしなかったのか。

「塩尻署は通報があって、現場に駆けつけた最初の段階で無理心中の焼死と決めつけた。捜査員は燃え残ったオデッセイを素手で触っていたというし、現場は警察と消防署でグチャグチャにした。事件当時、警察は酒井氏の遺族に車の処分をしてくださいと告げて、現場の遺留品も返してしまった。塩尻署は遺族に断定口調で無理心中と伝えて、捜査本部も設置しなかった。管轄内で2人も惨殺されているのに驚愕の事態で、マスコミ報道されてから塩尻署はさらに頑なになった。一切、なにもしなかった。今思い出しても本当におそろしいし、酷い事件でしたよ」

A記者は久しぶりに当時を思い出し、溜息をつく。

犯人はAV関係者だと思う

2人は同じ高校の先輩後輩だった。

2001年5月頃、桃井の同級生の紹介で知り合う。酒井氏は一学年下の彼女のことは知らなかった。事件当時、桃井望は東京でプロダクション経営者と同棲中で、酒井氏には別の恋人がいた。そんな中で2人は惹かれ合って恋愛関係になった。2002年になってから桃井望は頻繁に塩尻に帰郷し、酒井氏の一人暮らしの部屋に泊まっている。

「酒井氏側の遺族、友人、誰に訊いても自殺する理由がなかった。遺族が刑事告訴をしても、結局なにもしなかった。事態が動いたのは事件から4年3カ月後、死亡保険金を支払われなかった遺族が生命保険会社を訴えた民事訴訟の判決で、長野地裁が他殺と認定しました」

他殺は司法も認める公然の事実となった。では、誰が殺ったのか。

桃井望の遺族、彼女をよく知るAV関係者は、事件のことを一切口にしなかった。筆者は事件発覚直後、所属プロダクション関係者が「事件のことは一切書くな」と出版社まわりをしているところを目撃している。先月まで桃井望の裸を掲載しまくっていた複数のAV専門誌は事件のこと、不慮の死を遂げたことを1行も触れなかった。

「犯人はわからない。けど、僕はAV関係者だと思う」

警察が一切動かない、AV業界は完全黙秘という厳しい状況の中で、長期間事件に密着したA記者はそう推測する。

「長野県警は報道後、東京に行っている。そこでAV関係者を事情聴取したようだが、内容は『我々はAV関係者を追及しない。だから君たちも事件について語るな』という司法取引だったようです」

2人が事件直前まで一緒にいた自宅には争った形跡はなかった。犯人はどちらかの顔見知りの可能性が高い。

「酒井氏側で怪しまれたのは、彼の自宅の隣の住人の男性。酒井氏にマルチビジネスを勧誘していた。トラブルもあったようだが、とても殺すまでの動機があるとは思えませんでした。桃井さんの同棲相手のAV関係者、同じプロダクションのAV女優で親友だった某さんは、絶対になにか知っている。ですが、なにも喋りません。それと事件直後、自殺はありえないと熱心に情報収集に動いた酒井さんの会社の上司が、地元暴力団関係者に『事件に首を突っ込むな』と脅されています」

様々な証言、調査、報道からある程度の事実が明らかになった。

事件のあった2002年10月12日20時10分〜20分頃、複数の犯人が酒井氏の自宅を訪ねる。自宅には酒井氏と桃井望がいた。犯人はどちらかの顔見知りで、2人は犯人に促されて裸足のまま車に乗った。そのまま暗闇の奈良井川沿いへと向かう。

20時40分頃に現場に到着。桃井望だけが外に出される。酒井氏は車内で鈍器で殴られて頭を割られ、腹部を包丁で刺される。犯人は息が途絶えた酒井氏の左手に包丁を握らせて、ガソリンをかけて燃やした。そしてドアロックをする。

惨状を目の当たりにした桃井望は、裸足のまま逃げた。犯人は逃げる桃井を数メートル追いかけて刺し、桃井はうつ伏せになって倒れた。そして、まだ息のある桃井の首から下にガソリンをかけて火を点けた。河川敷で轟々と燃える車と桃井望、犯人は車に乗って逃げた。想像を絶する酷すぎる最期である。

桃井望はAV業界が最も活気があった時代に、最も売れた女優だ。毎日、時間単位のセックススケジュールの中で、故郷の先輩と恋愛をした。そして、生きたまま焼き殺されてしまった。あまりにも悲惨だ。

「今、テレビ観ましたか！　桃井事件が放送されているけど、犯人の似顔絵が○○さんソックリですよ。もう、そのまんまじゃないですか」

筆者の携帯電話に、あるAV関係者から連絡があった。○○さんとは有名なAV関係者で、彼は興奮気味にしゃべっていた。

2003年3月21日、犯罪公開捜査番組「TVのチカラ」（テレビ朝日）が放送された。米CIA特殊部隊OBエド・デービス氏の遠隔透視をもとに主犯の似顔絵が公開されたが、その人物が桃井望に近いAV関係者にあまりに似ていた。

しかし、もう過去のことだ。AV業界で事件について振り返る者は、誰もいない。あれだけ熱狂したファンも死んだ女優には用はない。誰もが忘れ去っていた。

エロスとタナトスの狭間で生きるAV業界は、超人気だった桃井望がいなくなった大きな穴を、なにも知らずに誘導された新しい女の子で埋めるだけだった。

第三章 お母さんは自殺しました

明後日、整形手術する

「明後日、整形手術するの。AV女優になるためですね。まず目を二重にして、鼻にプロテーゼを入れて高くするんです。整形はお金を稼ぐため」

久しぶりに会った宇野未来（23・仮名）は、テンション高く喋りだした。

3年前、関西地方にある女子大学在学中の彼女に取材した。大阪十三のファッションヘルスで働いていた。当時は年齢相応のあどけなさが残っていたが、現在は、いかにも風俗嬢といった雰囲気を纏っていた。

本人にはとても言えないが、正直、現状のスペックではAV女優として活躍するのは厳しい。さらにAV女優はリスクのわりには金にならない上に、強要問題という深刻な事態に揺れている。その諸々は一応自覚しているようで、明後日整形手術して、腫れが引き次第、プロダクションに面接に行くという。

彼女は母子家庭育ちで、高校時代は児童養護施設に保護されている。貧困層のシングル家庭出身だ。母親は生活保護受給者で、当然、私立大学進学費用を負担するお金はない。高校3年のときに進学を希望すると、母親の担当していたソーシャルワーカーの薦めで、ある財団から入学納入金40万円と日本学生支援機構から奨学金を借りた。

日本学生支援機構とは2004年に日本育英会から改組した独立行政法人で、貧困家庭の学生が進学する際の奨学金を貸している。改組をきっかけに原資を財政投融資にしたことで利益を追求する金融事業の色が濃くなり、取り立ても厳しく、最近は奨学金による自己破産が問題視されている。

同じ財政投融資が原資となる住宅ローンは、住宅が担保となるため破綻前に売却ができる。教育費は物の売買ではないので、担保はない。親の世帯収入が低いと認められた未成年に数百万円の借金の契約をさせ、卒業後に返済がはじまるという制度で、過去5年間の自己破産者数は延べ1万5000人と発表された。自己破産者の半数近くは本人ではなく、親や親戚などの保証人という。債務者の本人だけでなく、破綻が親族にまで広がり、とんでもない事態となっている。

宇野未来は親からの援助が一切ないまま私立大学に進学した。姉の部屋に居候しながら大学に通った。入学後すぐ、経済的な限界を感じて、大学1年生の夏から大阪の歓楽街である十三の店舗型ヘルスで働く。その後は卒業まで関西圏にある風俗店を転々としながら、大学生生活を送った。

「大学から紹介された医療法人に就職したけど、給料は安いし、仕事はつまらないし、半年くらいで辞めちゃった。それで、すぐに風俗に戻った。400万円くらいの返済が残っている奨学金のことは、もうそんなに気にしていません。毎月返済の手紙がきて、返すのが面倒くさいくらい。結局、風俗嬢になるなら、大学なんて行かなきゃよかったよ。一度だけ大卒者限定の大手企業の派遣社員に採用されたことがあったけど、今のところ大卒のメリットはそれくらい。今は、彼氏に面倒を見てもらってニート。もともとは風俗の客だった人です」

父親は3歳のときに病死、母、5歳年上の姉と3人で暮らす母子家庭になる。看護師だった母親は日勤、夜勤をこなし、父親がいなくなった家庭を支えた。しかし、彼女が小学校6年のとき、大黒柱だった母親の体調が崩れた。ヒステリーを起こしたり、急に暴れたりする。医者から、統合失調症と診断された。

「母親が病気になって、もう15年くらい経つ。母親の統合失調症に私の人生の大半を付き合わされた感じ。本当に最悪。母親は日常的に独り言を繰り返して、ちょっとでも気に障ることがあればすぐに騒ぎ立てる。学校で必要な支払いとか、お金の話をすると必ず大暴れ。思い出したくないけど、かなり酷い虐待にも遭った。だから教科書代や交通費が必要でも、なるべくお金のことは言わないようにした。当初、病気のことは家族以外の誰も知らなかったけど、だんだんと悪化して最終的には働けなくなったんです。10年くらい前から生活保護を受けるようになって、正直、今もいないほうがどんなに楽かって思ってしまう」

中学生のときまで、荒れる家庭と母親からの虐待にひたすら我慢した。

高校進学すると母親は働けなくなり、生活保護の受給が決まった。高校生だった彼女は児童相談所に保護され、児童養護施設に送致となった。児童養護施設にいた当時のことを訊くと、「あの頃のことは、もっと思い出したくない」と顔をゆがめる。

「施設にいる子たちとはまったく合わなかった。無視とか物を隠されるとかイジメもあったし、ただただ鬱陶しかった。どうして私がこんな目に遭わなきゃいけないのって母親をすごく恨んだけど、病気だから仕方ないと諦めた。施設を抜け出して彼氏の家に泊まって帰らなかったり、出会い系で知り合った人の家に行ったり。脱走まがいのことも何度かした。私の家庭環境と生活環境は複雑だから、学校の同級生は頼りにならない。話しても理解できないし、されない。だから出会い系サイトで話を聞いてくれる大人を探した。ご飯をご馳走になったり、泊めてもらっただけ」

高校卒業したら児童養護施設は出なければならない。現状のまま社会に出ても自立できるとは思えなかった。大学進学を希望した。親がいない子供に入学納入金を貸してくれる制度と、日本学生支援機構の奨学金をソーシャルワーカーに薦められて、言われるままに契約した。一人暮らしをしていた姉の家から大学に通うということが認められた。施設を退所した。

毎月振り込まれる奨学金は6万4000円。大学の授業が終わった後の時間は、コンビニでのアルバイトにあてたが、給料は月4万円にしかならない。通った大学では、半年ごとに約60万円の授業料を納入する。奨学金とコンビニバイトだけではどう考えてもお金が足りなかった。貯金したくても交通費や食費、交際費だけで、奨学金分の6万円はなくなってしまう。

「夏休みにいくらなんでも生活できないと思って、携帯でアルバイト情報を探していたとき、風俗の求人を見た。地味な私には無縁の世界と思ったけど、大学生を続けるためにはそんなことを言っていられない。もう、やるしかないと。求人サイトの一番上に載っていたファッションヘルスに勤めて、嫌だったけど、店に言われた通りサービスした。週4、5日くらい出勤して、稼げるのは1日2、3万円くらい。月50万円くらいは稼いでいたと思う」

裕福な家庭の女子が多い文系の大学で、まわりは金持ちが多かった。カラダを売ってお金を持つようになって、同級生とのランチや合コン、女子会みたいなイベントにも積極的に参加できるようになった。友達も増えた。風俗店にはほぼ毎日出勤して、なかには怪しむ友達もいたが、自分が風俗嬢ということを大学の友人には一切話していない。

「風俗嬢になってから、金遣いが荒くなった。あまり深く考えないで、欲しいものを買いたいだけ買った。洋服とかアクセサリーとか、1回の買い物で10万円くらい使ったりする。お金を稼ぐようになって、もう奨学金は借りなくてよくなったけど、そのまま借り続けた。お金の心配がなくなったから、借りていることも返済も具体的に考えなくてよくなった。でも風俗の仕事にストレスを抱えるようになった。あの仕事はストレスがヤバイ。知らない男性に性的サービスをするのが嫌で、本心をいえば、一切触らないでほしい。風俗の仕事は嫌、嫌だけど、稼げるから仕方ないかなって。そんな感じ」

日本の私立大学の学費は、文系学部で初年度平均が約115万円、4年間で約

390万円だ。理系学部だともっと費用がかかり、初年度平均で約152万円、4年間の合計だと約530万円も支払わなくてはならない（※）。親からの援助が一切ない貧困家庭で育った子供が、奨学金とアルバイトだけで支払える金額ではない。そんな高額学費の自己負担がきっかけとなって、男女問わず、夜の世界に足を踏み入れる学生は後を絶たない。

かつ夜の繁華街は刺激や誘惑が多い。学費のため、学生生活の維持のためという初心を忘れずに自己管理できる学生は一部であり、夜の世界に足を踏み入れた若者は少なからずそれまで歩んできた道から外れていく。

風俗嬢として働くことが日常となった。授業が終わると、繁華街に出勤して性的サービスしてお金をもらう、それを繰り返した。知らない男性相手の性的行為に嫌悪感があっても、それに替わるような仕事はない。辞めれば退学しなければならない。

見知らぬ男性客から受ける性的行為のストレスを買い物で発散しているうち、生活はどんどん派手になった。気が付けば高コスト体質になる。風俗で働くのは当初学費

※文部科学省「平成28年度私立大学入学者に係る初年度学生納付金平均額調査」より

の支払いという目的だったが、生活レベルをキープするためにはもっと稼がなければならなかった。ストレスがあってもお金のためと割り切った。性的行為も続ければ、その嫌悪感にすらだんだんと慣れる。そして風俗から抜けられなくなっていた。

風俗は、店によって条件が違う。風俗嬢同士で毎日のように金の話をするようになり、スカウトされれば立ち止まって話を聞き、高収入系の求人広告を毎日眺めた。現状より稼げそうな店を見つけては移った。大学時代に様々なデリヘル、SMクラブ、店舗型ヘルス、キャバクラなどを転々とする。

「ストレスは溜まるけど、風俗と出会えてよかった。昼の仕事ではここまでのお金を稼ぐのは無理だし、カラダを売ればお金が稼げるってことを知れたのはラッキーだった。だから、風俗には前向きです。私、風俗がなかったら生きてこれなかったから」

3年前の取材時、ここまでの話を聞いている。「授業は真面目に受けている。もうすぐ就職活動をはじめるから。給料がいい金融系に就職したい」と言っていたが、宇野未来は現在、男性客と恋愛関係になって小遣いで暮らす無職である。

もっとお金がないと不安です

再取材したのは、宇野未来から「AVの○○プロダクションって、どんな評判か知っています？」とメッセージがきたからだ。○○プロダクションは大手だ。

何度かやり取りをすると、求人情報でAV女優が気になって応募したらしい。事務所に行って面接したが、プロダクションから即答で容姿、年齢、肩書きなどの、スペック不足を指摘される。そこで整形手術を勧められているという。

手術2日前、新宿の喫茶店で待ち合わせた。

「結局、卒業まで学費を払わなきゃいけないし、就活中も風俗を辞めるどころか出勤を減らすことすらできなくて、途中で就活はどうでもよくなっちゃった。大学の紹介で病院に就職したけど、月給は手取りで16万円。卒業後すぐに奨学金の返済もはじまって全然お金が足りない、生活できないって思った。病院は半年で辞めちゃいました」

返済は月3万円。しかし、大学時代にはじまった買い物癖は治らなかった。就職して姉の家に居候していたので家賃はかからなかったが、病院の事務職員は昇給もキャリアパスもなく、こんなことずっと続けられないと思った。

新卒者3人に1人が3年以内で離職するといわれる。取材する中で、彼女のように学生時代の風俗嬢経験で金銭感覚が狂い、会社を辞めてしまうといった話を多々聞く。社会人になってから極端に収入が減り、そのうえ奨学金の返済がはじまる。新卒で就職して首がまわらなくなった元風俗嬢たちは、一般的な大学生が稼げないお金を手にした経験から、自分では合理的と思って目先の利益に走る。そして、軽い気持ちで早期離職。そのほとんどは風俗か水商売に出戻りする。

「初任給だとそんなに安い給料じゃないみたいだけど、私からしたらすごく少なかった。だからもっと稼げる風俗を専業にした。昼だけの普通の仕事じゃなくても、働こうと思えば仕事はいろいろあって、なにをしても生きていけるってわかったし、将来もあまり真剣に考えていない。関西にいてもしょうがないと思って、スカウトに出稼ぎを頼んで西川口のソープを紹介してもらった。それが1年前。姉には適当なことを言って部屋を出て上京したんです」

出稼ぎとは、ここ数年で流行る風俗嬢の働き方だ。居住地とは違う地域の店に10日から20日程度の短期間出稼ぎする。女性には地元を離れるので仕事がバレない、短期間集中して働けるというメリットがあり、人材確保が難しい地方のソープや本番店は出稼ぎ風俗嬢なしには運営ができない。各地のスカウトマンが女性と地方風俗店の仲介をしている。

「出稼ぎ先は埼玉の西川口の大衆ソープです。60分1万1000円のバックで、月80万～100万円くらい稼げた。保証をつけたら変なお客さんも相手にしないといけないって言われたから保証はやめた。仕事しかすることなかったし週5、6日働いた。出勤してから最後まで貸し切りにしてくれる太客が1人いて、ずっと私を指名してくれました。太客の払いは1日10万円程度で週2日くらいお店に来てくれたし、土日は裏引きもやってくれたからすごく稼げた。私だけに月50万～70万円は使っていたかな。埼玉は稼げるし、居心地がいいからそのまま姉の家には帰らなかった」

保証とは風俗店が女の子を呼ぶとき、1日の最低金額を決める制度だ。出稼ぎでは女性のクオリティーによって2万～7万円の最低保証額を決めて受け入れるのが一般的で、店は最低限その金額を超えるように客をつける。

「太客は、客だった今の彼氏と付き合ったのがバレて離れちゃいました。でも恋人ができたから、もういいかなって思って。それが8カ月前です。風俗嬢になってからは誰かと付き合うってことはしなかったけど、1人で知らないところに来て付き合っちゃいました。彼氏は38歳の独身で自営業の人です。半同棲して、店を辞めてくれって言われたので、月20万円お小遣いもらっています。生活には困ってないけど、暇だし、全然面白くない」

今は朝起きて彼氏を送り出して、二度寝。昼頃起きてランチを食べて、ジムに行く。疲れない程度にダラダラと泳いだり、筋トレしたりして帰宅して夕飯を作る。帰ってきた彼氏と一緒に食事をして寝る、そんな生活だ。

楽で平穏だったが、時間が有り余った生活に飽き、2カ月前から彼氏の目を盗んで携帯で高収入系の求人を探した。そこで見つけたAVプロダクションに応募した。現在のAV業界は極端に女性が余っている状態で、かなりの容姿に恵まれていない限り、女優として採用されることはない。採用されても出演依頼は少なく、金にならない。

「面接したプロダクションから、整形したら企画くらいだったら出ることができるかも、って言われた。暇だし、彼氏からもらう20万円の小遣いだけじゃ足りないから、AV女優になるのもいいなって。出たいなら顔を全部整形しろくらいの勢いで言われて、することにした。整形代は200万円。先月から彼氏に内緒でソープも再開して、お金を払いました。明後日、手術」

AVプロダクションは、どこも美容整形外科と提携している。昔はプロダクションが投資として女性の整形代金を支払ったり、費用を貸したりしていたが、現在はすべて女性の自己責任、自己投資だ。自分の判断で整形をして合格点を超えたら、仕事は紹介するというスタンスである。

「20万円じゃ奨学金を返して、洋服を買ったらなくなっちゃう。貯金もできないし、もっとお金がないと不安です。いつか彼氏に切られるかもしれないし、彼氏だけを頼って生きるわけにはいかない。だから、AV女優になるために整形するの。別に単体じゃなくていいし、何本も出なくていい。AV女優っていう肩書きさえもらえれば、高級店で働けるし、箔が欲しいだけ。AV女優になったら、今の彼氏よりももっといい小遣いをくれる彼氏が現れるかもしれないし」

彼女にとってAV女優は肩書き欲しさだ。セルフブランディングの一環で1本でも出演してAV女優を名乗れば、風俗、キャバクラ、愛人など、女を売る価格が上昇する可能性がある。しかし、手術前の現在の容姿は、AV女優の合格ラインには及ばない。単価の高い高級風俗やキャバクラ高級店も無理だろう。

「昼職もいいかなと思って、この前大手企業の派遣社員をやってみたけど、仕事はつまらないし給料も安い、すぐ辞めた。もう値段の高い風俗で働くとか、いいパパを見つけるとか、そういう目標しか浮かばないです。暇だから、いろいろ考えたけど、楽に稼いで儲かって、チヤホヤされたい。月100万円くれれば、結婚してもいい。だから今は頑張って整形して、準備するの。そのためのソープ復活だったし、今日もこれから出勤だし」

将来の自立を考え親の援助なく大学に進学、学費のために風俗に足を踏み入れた元女子大生は、卒業して2年、関東の見知らぬ土地で整形して逆転を狙うという無謀に挑む。

1週間後、手術後の写真を送ってもらった。目が不自然に大きくなり、二重瞼になった彼女が写っていた。不自然な化粧の印象も重なって、さらにビッチになったという印象だった。

取材から数カ月以上が経ち、この原稿を書く。宇野未来がAV女優になった、高級店に採用されたという話は聞かない。

白川綾乃（仮名）　牛丼チェーンの社員に輪姦される

「大学3年生のときにスカウトされて、やってみようって思った。AV女優はセックスワーカーとして需要のあるものだから、悪いことだとは思っていない。偏見もないし興味があった」

白川綾乃（23・仮名）は医療系大学4年生だ。医療系は深刻な人手不足で、資格があれば新卒でなくてもいつでも働くことができる。就職活動はしないで、積極的にアダルトビデオに出演する。

学費や生活費のためにカラダを売る女子大生風俗嬢は、全国的に溢れている。夏休みの飛田新地などは、短期バイトの一流現役女子大生だらけという話もある。一方、女子大生AV女優は経済的に学生生活維持に困り、生活費目的の人もいるが、風俗ほど露骨ではない。女子大生AV女優は人とは違ったことをしたい、有名になりたいなど、経済的理由にプラスαの目的があったりする。この10年ほどのAV女優は、高水準のスペックを求められる。貧困学生は、貧乏くさいので大抵が面接で弾かれてしまう。

「AVが子供の頃から身近にあったから。お父さんがAVマニアで、生まれた頃から家中がエロビデオまみれ。押し入れとか車のトランクとか、リビングにも山積みです。小学生の頃から興味本位で観たり、友達呼んで鑑賞会したり」

父親はガチのAVマニアで、夕飯を食べたらすぐに部屋に籠って延々とアダルトビデオを観ていた。

「部屋のドアを閉めて、電気がついていると、今AVを観ているんだなって。毎日。たまたまお父さんに用事があって部屋に行くと、オナニーしていたとか。ははは。気まずくて。チンコ隠そうか、テレビを隠そうかパニックになって。父親のオナニーを見たのは小学3年生くらい。本当にキモかった」

家がAVまみれ、父親は毎日オナニーをしている。彼女も小学3年生からAVを観るようになって、オナニーを覚え、学校で話したら、何人もの女子が「観たい」と家に集まってきた。

「小学生のとき『ちゃお』が流行って、漫画でちょっとエロなシーンがあったりする。性教育ページに喰いついて興味が湧いて、みんなでお父さんのAVを見てみようってなった。共働きだったので昼間は誰もいないから鑑賞会、触り合いっこしたり。

オナニーはじめる子もいた。小学生がみんなでオナニーです」

AVでは当然のように電マが出てくる。母親の電気マッサージ機を使った。小学校高学年になると、機器を使いこなすオナニー狂いになっていた。

田舎の核家族、1人っ子だ。父親と娘は毎日オナニーだったが、平穏な中流家庭だった。子供の頃からピアノとエレクトーンを習い、高校は吹奏楽の強豪校へ行った。

「初体験は17歳で普通です。みんな言うけど、田舎ってマジでやることがない。暇というか、なにもない。やることがないからみんな結婚して、すぐ子供産む。コンビニもないし、一番楽しい遊びはジャスコに行くこと。そんな感じ」

男も女も同じだが、子供の頃からオナ狂いでも、実際の体験や経験が豊富なわけではない。中年童貞はAV視聴者のボリューム層で自慰行為にはこだわるが、いつまでも中年童貞だ。

「17歳までに彼氏は3人くらいいたけど、なにもしてなくて。恥ずかしくてちょっと……みたいな。私も彼氏も、本当に普通。クラスメイトとか、同じ部活とか。初体験の人は同じ高校で、一目惚れしてアタックして。やっとヤったのは、付き合って半年くらい。初めての彼とは3年くらい付き合いました」

彼女がセックス好きになるのは、大学進学してからだ。2人目の相手は、大学で知り合った年上の歯科医だった。セックスが抜群にうまかった。セックスがオナニーよりも楽しいことを知った。

大学進学の費用は奨学金だった。田舎を出て、奨学金とアルバイトで学生生活を送ることになった。家賃は月5万円。医療系大学なので学費は高く、奨学金はほぼ学費で消える。経済的に厳しかった。

「大学なんてありえないって両親だったから、説得するのに時間がかかった。高卒で公務員になりなさいってずっと言われて、それはキツイ。音大に行くか、とりあえず大学に行きたいって。音大は学費が高いし、仕事ないし絶対にダメって言われて、指定校推薦で今の大学になった」

大学の成績はかなりいいらしい。教授が太鼓判を押す優等生という。

「たぶん成績は現段階でトップ。学科に300人くらいいるかな。テストだけは超頑張るタイプで、高校もずっとクラスで1位だったし。高校時代は本当に真面目で、勉強と部活しかしてなくて。1年で1日か2日くらいしか遊ばない生活だった。本当に1位の優等生で、大学でも1年から今まで全部Aです。テスト前、めっちゃ勉強します。眠らない。ベッドに教科書を全部敷き詰めて勉強のスケジュールを立てて、教科書に1ページから最後まで全部まとめる。仮眠は椅子とか」

大学の成績はトップ、生活のためにバイトは忙しい。さらにセックス好きになって大学デビューしたので、遊びもする。厳しい吹奏楽部で鍛えた体力と精神力があるのか、一般学生では息があがるような生活も、前向きに軽々と乗り切っているようだった。

「もう、バイトはたくさんしました。働きマンだったから。毎月12万円は稼がないといけない。バイトで基本的に時間がないから、お金使わない。12万円あれば、一人暮らしもなんとかなります。学校行って、バイトして、学校行って、バイトして。学校とバイト先と家の往復で、たまに遊んでみたいな生活。私は忙しいって大学の友達はみんなわかっているから、1カ月先くらいまでのスケジュールを立てて。この日はこれしようって、遊ぶ日をピンポイントで決める。だからその日はメチャ遊びます」

遊ぶというのは男を漁るセックスだ。

「けっこう、男とヤっちゃいました。大学の友達もチャラついてくる時期で、持ち帰られるためにみんなでクラブに行く。イケメン探して、持ち帰られたいときは合図してみたいな。だから帰りは別々」

不特定多数の男とセックスしだすと、男がどんどん寄ってくる。遊びだけではなく、バイト先でもそうだった。大学1年からチェーン系の牛丼店で働いた。

「高校の部活を引退して、だいたいの人は車の免許を取るかバイトするか。私は東京に行くから免許いらなくて、バイトした。家の近くには牛丼屋しかなくて、そこで初めてバイトした。上京してからも新しいことはじめるのが面倒くさかったから店舗移動した。そのままAV女優になるまで、ずっと同じバイト先です。ワンオペが問題になったチェーンです」

セックス目的で寄ってきたのは店の同僚ではなく、本部社員だ。違法労働が社会問題になっていた。

「本社の社員さんと、マネジャー。社員はすごくチャラい人しかいなくて、シフト管理をするのはマネジャー。シフト管理ができなければ、自分が働いて穴埋めしないとならないから、しょっちゅう連絡がくる。いろんな人にラインして、どうしても隣の店舗が足りないってなると、そっちに行かされる。そうすると社員の人が送迎までして、隣の店舗に入れ込む。その帰りにご飯に行くとか、流れで家に行ってヤられちゃうみたいな」

当時社員は荒れていた。荒れている職場は性が乱れる。

「社員の中には異常性欲の人がいました。性に狂っている。本社の前マネジャー、現マネジャーの2人にホテルに連れ込まれて、交互にセックスさせられたことがあった。輪姦ですね。電話がきて、今から飲もうってなって。お酒飲んでたらなぜかラブホテルにいて、両脇にマネジャーがいた。前マネジャーがアソコを舐めたら、次に現マネジャーが舐めてみたいな。『おまえのチンポ見るの、嫌だわ』とか言いながら輪姦されました。そのときは、けっこうしんどかった。好きだったわけじゃないから、ヤられながら冷めきっていましたよ。そのときは本当に悲しくてつらかったけど、今思うと笑っちゃいますすね。感覚が変わったからかな」

クラブ遊びと、牛丼店の乱れた性に巻き込まれたことで感覚が狂った。大学3年のとき、バイト帰りにスカウトされた。AV女優という仕事を聞いて、学生と両立できるというので頷いた。

「その直前にすごく好きだった彼氏にフラれて、自棄になってた部分はあったかも。彼氏がいたのに社員に輪姦されて、フラれちゃった。好きでヤるセックスと、ただヤるだけのセックスって全然違う。だからすごくショックだった。テスト終わった後で学校も暇だったし、軽い気持ちでＡＶ女優になっちゃいました。初めての撮影は緊張もしなかったし、軽く終わっちゃいましたね。最初に泣く人とかいるみたいだけど、意味がわからない。自分からやろうと思ったのに泣くなんて、不思議」

ＡＶ女優の仕事はお金になるし、なにより面白い。人と違った経験ができて牛丼店より割がいい、いい仕事を見つけたと思った。何本も出演してリスクがあるとは思わなかったし、将来的にＡＶ女優の経験が人生の足を引っ張るとも思えなかった。

「昭和って性に対して悪いような感覚がありますよね。はしたないみたいな。ファッションもそうだし、感覚もそう。古き良き時代に過ごしてきた人たちと、私たちは全然感覚が違いますよね。だから親はもちろん知らないけど、バレても理解してもらおうとか思ってないです」

自分は自分。ＡＶ女優を続けていれば、アイドル活動やＤＪなど、セクシータレントとして活躍できる場もある。白川綾乃は有名になるために、必死に頑張っているという。

葉月もえ　失踪した母親が自殺した

葉月もえ（22）は、大学を卒業したばかり。先日の卒業式は美容室でヘアアレンジして、女袴を着て出席した。学長や学部長の祝辞は社会へ羽ばたく応援の言葉だったが、葉月もえは一切の就職活動はしなかった。大学3年生の夏に軽い気持ちではじめたAV女優を、そのまま継続する。

「お母さんは自殺しています。高校3年生のときに母親が、どこかの風俗のオーナーの家で首を吊りました」

AVメーカーの面接まわりの途中、ミリオン出版に寄ってインタビューを受けている。AVメーカーは恵比寿、渋谷を中心に副都心周辺、出版社は神保町周辺に密集していて、地下鉄で数駅である。

葉月もえはどう話せばいいのか数秒考えてから、母親の自殺という重苦しい話をしだした。

「小学4年生のときに母親がいきなり行方不明になって、失踪した。捜索願いを警察に出しても見つからなくて、高校3年生のときに、警察から自殺の連絡が来るまでずっと見つからなかった。父親と母親はそんなに仲良くなかった。母親は家のことをなにもしない人で、家事も育児も一切しない。幼稚園の頃からご飯を炊くのは私の仕事で、掃除も私。本当にそういう家庭だった。母親はなにもしないで、ずっと家でタバコを吸っている。父親は外で他の女の人と付き合っていて、それを家族にも話していた。でも、家ではそれが当たり前だった。壊れていても、私はそれしか知らないから、違和感はなかった」

数歳下の妹がいる。妹は保育園にも幼稚園にも行かず家にいて、妹の世話や食事、寝かしつけるのは小学生だった葉月もえの役割だった。

「妹の世話も私。それが家族の普通だと思っていて、アニメとかに出てくる家族みんなでご飯を食べるみたいなのは、特殊な世界だと思っていた。だから自分の家が普通じゃないことに関しては、なんとも思っていなかった。料理はできないから、ご飯を炊くだけ。お父さんは帰って来なくて、母親は自分のぶんだけコンビニで買って食べるから、私と妹はずっと卵かけご飯だけを食べていた。母親は家にずっといて働きもしないし、家事もしないし、育児もしない。なにもしない。消えたときも、なにも言わずにいなくなったし」

小学4年生、母親が失踪した日。最後に見たのは夜、玄関で靴を履く後ろ姿で、母親はなにも言わずにふらっと出て行った。

「夜出て行くのは、コンビニにタバコや食べ物を買いに行くとき。またコンビニ行ったなと思ったら、帰って来なかった。父親が夜遅くに帰ってきて、おかしいってなった。次の日、私も学校を休んで探しました。全然見つからなくて、警察に頼んでもどこにもいなかった。母親がなにもしないのが当たり前だったから、いなくなったことで大変になったことはなかった。むしろ、母親の部屋の片付けとか掃除をしなくなって楽になったくらいで、母親がいなくなっても、本当になにも思わなくて」

母親がいなくなったことでネグレクトが発覚して、祖母が妹の世話をするようになった。妹は3食卵かけご飯やコンビニのスティックパンしか食べていない。栄養失調でカラダが同年齢の平均より著しく小さかった。慌てた祖母は妹が通う保育園を決めて、ご飯も作ってくれるようになった。

行方不明になって2週間もすれば、母親の話は出ることはなくなった。ずっと前からいなかったかのように新しい日常がはじまって、母親のいない家が当たり前となった。高校3年のとき、警察から自殺の連絡がきて、家族は久しぶりに母親の存在を思い出した。

「自殺のことは、誰もなんとも思ってなかったかな。父親は多少なりとも気にしていたかもしれないけど、話には出なかった。だから自殺って聞いても、その瞬間に多少驚いたくらい。そうなんだ、ヤバイね、みたいな」

失踪者の戸籍は7年間、生死不明である証明ができれば抹消できる。父親は母親の戸籍を抹消していて、既にこの世にいない人になっていた。住所不定無職で身分証のない母親は、まともな社会生活を送ることができず、自殺場所となった地方で風俗嬢として働いていた。死後、遺品整理があった。写真や日記が出てきて、そこには死の直前の追い詰められた状況が書かれていた。

「残っていた日記には、ジグザグとかグルグルとか、メチャメチャな絵ばかり。文字では死にたい、死にたい、死にたいって書いてあったって聞きました。風俗店で働いていて、そのオーナーが全部搾取していたみたい。住所不定無職で保険証とかなにもなくて、存在していない人になっているので、その風俗店に転がり込んで養ってもらっていたようです。母親は簡単に言うと、疲れたんだろうなって」

父親は外で他の女と遊んで、子供には興味がなかった。彼女が育った家は母親が思い描いていた家族像ではなく、逃げ出してから8年後、死をもって清算することになった。

真面目な殻から抜け出せない

過去のことをよく覚えている。

AVではセックスばかりしている葉月もえだが、頭のよさは話を聞いているだけで伝わる。

「勉強はけっこうできた方だったと思う。妹の世話をしなきゃならないし、部活とかはできなかった。ずっとなんとなく真面目にやってきたけど、それがどこかからかコンプレックスになって、中学の頃は派手なギャルに憧れた。当時読んでいた雑誌のモデルにかわいいギャルがいて、それが発端だと思う。濃いメイクをしてみたりとか、つけまつげしたりとか。でもしっくりこなくて。根が真面目だから、悪くもなりきれなくて、無理で。とにかく中途半端でした」

ギャルの真似して化粧をしたり、勇気を出して学校をさぼったりもした。

「派手なグループの人たちはスカートをメチャ短く折ったり、シャツのボタンを開けたり、学校に行かないで遊んだり。そんなことしてると怒られるのに、何回言われてもやるじゃないですか。真面目な私にはちょっと信じられなくて。だから私がそんなことを半端に真似しても、すごくバカにされました。自分がやっていることは違うんだなって。まったく染まり切れなかった。結局、悪いこととか派手な人たちは憧れだけで、普通の中学生で終わりました。受験勉強して、それなりの進学校に行きました」

高校1年のときに初めてちゃんとした彼氏ができた。中学生のときに初体験は済ませていたが、愛情を感じるセックスをしたのはこの相手が初めてだった。それから彼氏以外の男とも肉体を交わして、快感だけでなく、バレたらまずいという刺激にワクワクした。そんなとき警察から母親が自殺した、という連絡があった。母親のことを久しぶりに思い出して、自分が普通じゃない育ちであることを再確認した。

育ちが普通じゃないのに、相変わらず真面目だった。どうして真面目から抜け出せないのか、そんな悩みがつっかえていた。受験勉強をして私立大学に進学し、念願だった真面目というコンプレックスから逃れるために、徹底的に遊んだ。

「教員になりたくて教育系に強い学校に進学したんですけど、教員免許は取得できないまま卒業しました。チャラチャラ適当に過ごしていて、サークルの友達と飲みに行ったりとか、浮気していろんな人とセックスしたりとか、大学生活を謳歌してちょっと遊びすぎた。高校1年のときの彼氏とは、大学2年までずっと付き合っていました。だけど、浮気相手のセフレを好きになって、別れちゃったんです。セフレに夢中になるなんて一瞬の錯覚だったのに、4年以上付き合った一番大きな存在を失ってしまった」

彼氏と別れた後、すぐに後悔した。そのモヤモヤを振り払うように、バカみたいにセックスしまくった。暇さえあればクラブに行って、ナンパされて持ち帰られた。

「毎週、何度もクラブに行って、朝帰りみたいな。単にセックス好きなだけかもしれないけど、やっぱり真面目ってコンプレックスがあって、チャラチャラすることに憧れがあった。見た目も中途半端だし、育った家はおかしいし。だからちょっとした反抗心というか。早く自立して、大人になりたかった。早く大人になりたいからヤリまくるっていうのもおかしいけど、そんな感じ。セックスしているときは、それ以外なにも考えないし、自分も相手もお互いのことだけを考えるじゃないですか。それがよかったのかも。嫌なことを考えずに済む時間というか。現実逃避ではあるんですけど」

育ちがおかしいと気づいたのは、初めての彼氏の家庭を見てから。テレビアニメのような家族団欒の風景があった。大学で知り合った裕福な友達の家庭はどこもそんな感じで、自分と似たような家庭はどこにもなかった。

当たり前だと思っていた家の形が常識とは全然違った。全然違うと思うと、ちゃんと真面目にしている自分がバカらしくなった。

「どうしてちゃんとしているんだろう、みたいな。でも申し訳ない気持ちが出てくるから、反抗はできないんですよ。自制心もあったし。だからちょっとした反抗で、メチャメチャセックスしました。見えないところで反抗しているんです。大学は面白かったけど、でも結果的にヤリマンみたいになって、その勢いでAV女優になっちゃいました」

大学3年の夏。小遣い稼ぎのために、なにかバイトがないかと探した。水商売や風俗はまったく頭になかったが、なんとなくAVプロダクションの求人サイトを見てしまった。セックスができて、お金がもらえるなら、すごくいいいんじゃないか……そのとき、咄嗟にそう思ってしまった。

「大学生になって全然知らない人としまくっていて、セックスは好きで、じゃあ、職業にしようみたいな発想です。それに派手グループを超えて、なんか悪いことをしている感じもいい。自分で応募して飛び込んで、実際にセックスできて、それがお金になるってすごくいい。すごく軽い気持ちではじめて、今に至っちゃっています」

ずっと派手グループに憧れていた。なんとなくAV女優になってカメラの前で裸になったら、10年以上に及んで抱えているコンプレックスはすーっとなくなった。正しいこととは思わないけど、それはそれでよかったかなと思っている。

人生を破壊された元有名AV女優

2017年上半期は、ある媒体でAV強要の取材をさせられた。「させられた」とはグレーなAV業界は、創世記から内部の同調圧力が異常に強く、筆者のように片足を突っ込んでいる者によるジャーナリズムは許されていないからだ。編集者からの要望を断ることができず、重い腰を上げることになった。

グレー産業は大なり小なり暴力的な体質がある。例えばＡＶ業界ではトラブルが起こった場合、警察や法律に頼ることなく、業界内だけで通用するルールに従って内々で解決される。わかりやすい例を挙げれば、ＡＶ女優とＡＶ男優が恋愛関係になって女優が辞めたいとなったとき、男優は暴力的な制裁に加えて損害賠償しろというような要求をされがちだ。

恐喝に傷害と思いっきり犯罪だが、被害者が警察に頼った場合、業界を挙げてその男優の仕事を干し、生きていけないような状態に追い込む、みたいなことが起こる。それがスケープゴートになり、さらなる統制がとれる。事件になって第三者が介入すると情報が漏れてしまう。グレーなので情報が漏れると、なにが起こるかわからない。被害者が警察を頼れないように業界を挙げて環境を整備しているのだ。そのようなことが日常的に起こる加害者が著しく有利な治外法権にいると、そこに生きる住人は圧力や暴力が常識となって慣れる。

そうやって特殊な世界が形成されると、加害する暴力性が強い一部の者は問題解決のためではなく、自らの小遣い稼ぎとして火のないところに煙を起こし、弱い者から恐喝まがいの副業に暴走する。治外法権の中で生きる関係者は、自分自身の安全のために力が強いほうを応援するのでメチャクチャなことになる。大袈裟ではなく、当然のように悪が正義になる。もう、ケンシロウのいない北斗の拳みたいな世界なのだ。

そのようなアングラな業界の裏事情に首を突っ込んで、彼らの興味のない一般社会のルールや常識に合わせて続々と事実を暴いてしまうと、おそらく暴力的な制裁が加えられる。そんな事態は誰だって避けたい、それが腰が重かった理由だ。

筆者は10年前、運悪く暴力的なAV関係者にターゲットにされたことがあった。まったくこちら側に非のない理由だった。言った言わないのトラブルを勝手にでっち上げられ「場面」が作られた。当時のその加害者は、暴力性のないAV関係者をターゲットにした恐喝で儲けてノリノリで、そのときは明らかに遊び半分だった。後から聞いた話だとバーかなんかで「中村から金を脅し取ってキャバクラに遊びに行こう」みたいなことがきっかけだったようだ。

彼らは完全に暴力に対して感覚が麻痺していた。暴力を肯定する集団心理が働いて非常に危険な状態で、自宅を襲撃されることも想定内だった。実際にターゲットにされて地方の実家に逃げた知り合いが、実家を襲撃されて指を折られた挙げ句、資産家だった父親が恐喝されたという話を聞いていた。感覚が麻痺した暴力が蔓延する世界では、そのようなことは批難されるどころか武勇伝になる。金が儲かる上に自慢もでき、周囲は素晴らしいと絶賛するのでとことん拍車がかかるのだ。

相手はしつこかった。最終的に筆者ともう1人の出版関係者が西麻布のどこかに呼び出された。筆者は話の途中で電話を切って、もう1人は応じた。彼がその場所に向かう直前に「危ないから行かないほうがいい」と止めたが、AV業界の上層部で力のある相手がおそろしかったようで行ってしまった。数時間後、彼は血まみれになって帰ってきた。頭が割れて血が止まらない状態だった。路地裏でAV関係者に集団で囲まれ、殴る蹴るのリンチとなったようだ。彼らの一部は、後に事件を起こして逮捕されている。

そんな事情があるので、取材は心から気が進まなかった。強要を風化させたいAV業界に歓迎されないのは仕方ないが、陰で怒られる程度で止めておかなければならない。

結局、AV強要を3カ月間ほど取材した。

取材のピークは「AVに人生を破壊されました……」と深刻な被害と絶望ばかりだ

った引退後を語った元有名AV女優・Aが現れて、さらに後日、本当にたまたまその元有名女優が所属したプロダクションの元マネジャー・Bと街で偶然ばったりと会ったことだ。元マネジャー・Bは匿名ならばなんでも語ると、その場で赤裸々に強要の加害を語った。

被害に遭った「人生を破壊された」元有名AV女優・Aとは、彼女の自宅近くで会った。東京の富裕層が暮らす都心だ。表舞台から消えてだいぶ経ったが、彼女は現在もおそろしいほどの美人だった。

元有名AV女優・Aは大学1年生のとき、地方から上京して数週間という頃、渋谷109前で「歌手になりませんか？」とスカウトされた。東京はすごいとスカウトの話を信じて、歌手デビューを夢見ながら半年間ボイストレーニングに通った。費用は事務所負担だった。

そして夏が終わり、大学後期の真っ最中に事務所に呼び出された。印鑑を持参するように言われている。遂に歌手デビューかと心躍らせて事務所に向かったが複数のチンピラのような男性に囲まれた。田舎で平穏に暮らす家族の身の危険を囁かれながら、AV女優になる契約書を提示され、捺印を要求されている。

元有名AV女優・Aは地元の進学校から指定校推薦で、都内の一流私大に進学している。外見だけでなく成績もよく、親や地元から期待されて東京に送り出されていた。学生生活を送るために十分な仕送りをもらっていて、お金にはまったく困っていなかった。上京当時は親の期待に応えるため、大手企業への就職は最低条件という意識があり、どう考えても将来的にプラスになるとは思えないAV女優になることはその場で何度も断った。事務所に提出している身分証明書には本籍である実家の住所の記載があり、すでに知られている。親や家族への暴力的な加害を匂わせながら徹底的に脅されて、最終的に震えながら頷き、実印を捺したという。

お金になりそうな美人には危険な業者が群がる。正直、30年くらい前から渋谷、新宿、恵比寿あたりは美人は歩いてはいけない、といった状態だ。元有名AV女優・Aは圧倒的な華のある美人だったことが災いして、時間と費用を費やした悪質スカウトに引っかかってしまったのだ。契約締結後、すぐに大々的に単体デビューとなって、大学在学中はずっとAV女優を継続した。月数百万円稼げた在学中は、お金を使いまくったという。

長く継続できる仕事でないことは理解していて、AV女優を本業にするつもりはなく、大学卒業後すぐに引退した。本人も事務所も十分に稼いだ後だったので、引退に対しては誰もなにも言わなかった。

AV女優になったきっかけは露骨な脅迫だったが、裸になってカメラの前でセックスすることはすぐに慣れる。お金のためと割り切って継続を決めて、いいとか悪いとかなにも考えないことで3年間以上、継続することができた。AV女優になった選択を後悔したのは、引退後だという。

プライベートを赤裸々に晒け出した映像がずっと残り、まともな恋愛や人間関係を育むことができなかった。サラリーマンの年収の数倍を稼いでいたので、金銭感覚の麻痺にも苦しんだ。引退後の人間関係で差別やDVが繰り返され、最終的には普通の女性として生きることを断念している。現在は富裕層の不倫相手から経済的援助をしてもらって隠れるように生活していた。自分に起こったこと、やってきたことを話して、引退後のことは泣きながら語っていた。

元有名AV女優・Aに会った数日後、偶然、所属事務所の元マネジャー・Bにばったり会った。その場で取材を申し込むと、匿名ならばなんでも話すという。元有名AV女優・Aの所属事務所にはずっと悪評がつきまとっていて、元マネジャー・Bも自分自身の黒歴史として刻まれているようだった。

「時期によるけど、所属の8割くらいは、今で言う強要でした。スカウト部門はとにかく酷かった。メチャクチャでした。スカウト部門には誰も逆らえなかった。強要というか、有無を言わさないみたいな。圧力ですね。とにかく、脅す。従順な女の子には優しいけど、意向に従わないようなら最悪輪姦したり。部下に命令して、社内で普通に輪姦していましたよ。その場面をカメラまわして、脅して言うことを聞かせる」

とんでもない話がはじまった。強姦は重罪で4年以上の懲役になる。そんなことが数年前まで業務の一環として普通に行われていたという。

「うちのスカウト方法は、芸能人になれる、歌手になれると嘘で釣って、時間をかけて口説く。今思えば、本当に可哀想です。胸が痛い。口説き方は人によるけど、とにかくスカウト部門は乱暴。輪姦まですするのは、もちろん稀。頻繁にやっていたわけではないけど、最終手段としてやっていましたね。けっこう名前が売れたAV女優・Cとか、元々田舎の優等生で真面目な子だった。けど、スカウトされて口説かれた。やるやらないでだいぶ揉めていた。最終的に決定打になったのが輪姦です。しかも、事務所でやった。本人は恐怖と、自分はもう汚れてしまったからと決心したって」

強姦は女性に決定的な恐怖を植えつける。その現場を撮影して脅しの決定的な材料にしたようだ。もう汚れてしまったと自分自身を諦めさせるなど、様々な効果があるらしい。その事務所は歌手志望の女の子にはボイストレーニングに通わせる、食事を何度もご馳走するなど、ＡＶ女優に仕立てるまでのスカウトの過程で投資をする。投資を無駄にするわけにはいかないので、頷くまで手段を選ばずに徹底的に口説くのだ。

「その事務所にいた自分も許せないですよ。連中のことは、頭がおかしいと思っていましたね。でも、やっぱり慣れと同調圧力があった。でしゃばったら、殺されますし。自分の身を守るために下手なことは言えない。事務所では反目の奴らは呼び出されて、暴力をふるわれます。リンチみたいな。だから強要が頻繁にあっても、それが事務所の方針なのでなにも言いようがない。様々なところで場面を作られますし、正直身内でもこわかったです」

元有名ＡＶ女優・Ａが言っていたことの裏がとれてしまった。嫌な取材だった。

慶應義塾大学の本デリ嬢

AV強要取材記の後にプロダクション所属のAV女優の話は載せられない。同じ頃に取材した風俗嬢の話を書いていこうと思う。

風俗嬢と聞くと、派手な女性でフェロモンをふりまき、繁華街を闊歩するような女性を想像するかもしれない。しかし、そういう女性は珍しい。性格は真面目、地味でおとなしく、高学歴といった女性が繁華街に通い、セクシーな下着に着替えて性的サービスをしている。昨年、慶應義塾大学を卒業した白石安奈（23・仮名）もそんな典型的な「地味で真面目な風俗嬢」の1人だ。

大学時代にはじめた風俗嬢を今も続けて、社会人になっても週に1度のペースで出勤している。正直に言うと彼女には華がなく、男性の目を惹く外見でも体型でもない。白石安奈とは2年前の女子大生風俗嬢の取材で出会った。当時、就活への意気込みと風俗嬢として売れない悩みを話してくれた。聞けば、いくつ店を変わっても風俗嬢としてまったく売れないという。

久しぶりに連絡をとると、就職し、就業時間以外だったら取材は構わないとのことだったので、さっそく会うことにした。

「あの後、ベンチャー企業に正社員として入社しました。社員数が100人程度の小さな会社で、新卒は数人だけ。結局、そんなところにしか採用されませんでした。今、風俗は月3日程度の出勤で、土日に予約か本指名されたときだけ行っています」

学生時代から勤める風俗店は、大塚巣鴨地区にある、本番を売りに集客する違法営業のデリヘル店だ。このエリアでは珍しくない営業形態の店である。「25歳以上の若妻熟女」が売りで、それまで所属した若い女性がメインの店では売れずに悩んでいた。大学4年生からこの風俗店で働いている。

「会社から安定した給料がもらえるので、風俗はメインではありません。たまに出勤しているだけ。実家暮らしだし、借金もないし、今のところ会社の給料だけで十分生活できます。手取り25万円くらい。年俸制で320万円くらい。すぐに抜かれるでしょうけど、大手に行った同級生と比べると、まだ少しだけ高い金額です」

白石安奈は2年前の取材のとき、日本人なら誰もが知っているような超有名企業への就職を希望していた。学生向けの就職セミナーやインターンにも積極的に参加する就職に意識の高い、前のめりな大学生だった。しかし、就活は思うようにいかなかったようだ。現在働くベンチャー企業の同期や先輩の中で、慶應義塾大学の出身者は彼女だけという。

「大学2年生の夏から活動していたのに、本当に情けないです。インターンを含めると、100社以上に応募してすべて落ちました。知り合いのお情けで、今勤めている会社を紹介してもらって就職しました。就活ではエントリーシートが通らず、通っても面接で落とされ、グループディスカッションでもうまく話せない……そんな状態を繰り返して、結局内定ゼロで終わりました」

大学2年夏という早い時期から就活をはじめたのは、生まれて初めてできた彼氏の影響だった。大学の同級生だった彼は「慶應大卒というカードは新卒でしか切れない、本当に人生を左右することなのできっちり決めないと」という意見で、彼女はその考えに全面的に共感した。

一流企業で活躍する未来をお互いに語り合い、就活関連のセミナーに何度もともに通った。就職活動が本格化し、彼女の不採用が続く一方で、彼氏は超一流会社への内定があっさりと決まった。2人の関係に暗雲が立った。会う頻度も少なくなり、その後も内定をもらえなかった白石安奈は、夏になって彼氏にフラれてしまった。

歌舞伎町の区役所通りにある窓のない喫茶店で話を聞いている。風俗嬢の取材なので、なんとなく選んだ場所だった。夕方で出勤前の水商売の女たちやその関係者が多く、香水と煙草の匂いが漂う。熱心に化粧する女性、裏社会風の男性と話し込む女性、これから歌舞伎町の夜がはじまろうとしているのに、目の前にいる白石安奈は、おととい田舎から上京してきた学生のようだった。おそらく他の客から見ても、誰も彼女を風俗嬢とは思わないだろう。

彼女は都立中堅高校から、現役で慶應義塾大学に進学している。裕福とは程遠い家庭ではあったが、大学の学費は両親が払ってくれたという。自宅から大学へ通学し、学校近くの飲食店で月5万～7万円の生活費を稼いだ。そのとき特に経済的に困ることはなかったと話す。

大学2年生の夏に同じサークルの同級生と交際をはじめた。彼氏の影響で就活を意識するようになった。しかし、同じ頃に風俗嬢にもなっている。男性経験がその彼氏1人、処女喪失から10日くらいしか経ってない状態で女子大生風俗嬢になったという。

ピンサロに誘導される

「一番の理由は、夏休みに彼氏と旅行に行く費用を稼がなくちゃいけなかったから。10万円以上かかるって言われて、貯金を崩せば払えたけど、それはしたくなかった。そのお金を飲食店のアルバイトだけで用意するのが厳しかった。高校時代の友達と『お金ないよね』なんて言い合っていて、ちょうどそのとき、たまたまもらったティッシュに書いてあった時給5000円の求人に連絡しよう、ってなった。『時給5000円』に疑いながらも面接に行って、体験入店しました。友達はそこでは働かなかったけど、面接に行ってからしばらくして、デリヘルで働きはじめました」

求人広告の番号に電話をすると、店の最寄り駅まで来るよう言われた。採用担当の男性が待っていて、そのまま近くの喫茶店へ行った。ティッシュには「女子大生サロン」と書いてあり、性的サービスについては一切書かれていなかった。

喫茶店に着くと男性は、ピンクサロンの仕事とシステムの説明をはじめた。1日で辞めていいから、と体験入店をしきりに勧め、日給1万円を支払うと言う。10日前まで処女で、20歳になったばかりの彼女が「ピンクサロン」について、店の採用担当者の話だけで理解し、仕事内容を判断できるとは思えない。「体験」という気軽さにも気が緩み、言われるがままに、その男性と店に行った。

ピンクサロンで男性客が支払う金額は、一般的には5000円程度と安く、そこで働く女性からすれば、最も割に合わない業態と評価は低い。しかし「初めての風俗はピンサロ」という女性は、意外にも多い。それは彼女が体験したように、性的サービスを匂わせない、著しく高時給な求人広告を出して働くように誘導するシステムが出来上がっているからである。ズブの素人女性が望まないままピンサロに誘導される、という経路は20年以上前から定番である。

「実際は即日5000円をもらって、次回の出勤のときに残りの5000円を渡されました。広告に書いてあった時給は嘘で、新人の1カ月間は3000円、その後は2500円でした。給与の支払い方法も体験入店のときと同じで、日当は働いた当日にはもらえず、次の出勤時に支払われる。お金を渡したら店に女の子が来なくなっちゃうからです。お店で働くのはほとんど10代の若い女の子ばかりでした。たぶん、私と同じような流れで働くようになったんだと思う。ピンサロは不衛生だし、お金にならないし、すぐ辞めたかった。けど、辞めさせてもらえなかった。半年間以上続けました」

ＡＶ強要と同じだ。これまで多くのＡＶ女優は芸能人やタレント、またパーツモデルなどと偽って勧誘されて、カメラの前で本番する仕事に巧みに誘導されている。よくわからないままピンサロ嬢になってしまった白石安奈のケースは、ＡＶ強要と同じである。勧誘する店は採用のプロだ。どう話せば素人の女性が性的サービスをすることに頷くか、また継続させることができるかを知り尽くしている。

逃げたくても強面のボーイから電話がかかってくる。未払いの給与もある。結局ズルズルと続けてしまった。

その夏、知らない男性に性的サービスしたお金で、予定通りに彼氏と旅行に行った。地味な白石安奈は、現在に至っても風俗嬢には見えない。当時の彼氏はもちろん、まだ誰にも風俗のことはバレた経験がないという。

「月25万円程度のまとまったお金をピンサロで稼ぐようになって、お金を使うことに興味が湧いた。髪の毛が天然パーマなのと、肌が汚いのが昔からのコンプレックスでした。風俗で働けば、髪の毛を矯正したり、美容皮膚科に行くお金が稼げると思った。デリヘルに行った高校の友達に、サービスの内容とか、衛生面のこととか、給与のこととか聞いたら、『接客の前後にちゃんとお風呂にも入れるし清潔だよ。そんなところで働くよりマシ』って言われて、お金が欲しいし、バイト先のピンサロをなんとか辞めてデリヘルに移りました」

コンプレックスだった髪の毛をストレートヘアにして、60分1万5000円というギャラのいい高級店の面接を受けたら採用された。しかし、その店ではまったく人気は出なかった。出勤しても客は誰も彼女を選ばず、収入ゼロで帰ることも多かった。すぐに居づらくなって店を辞め、別のロリータ系の店舗に移ったが、そこでも同じような状態が続いた。

カラダを売ることをやめられない

やっと稼げるようになったのは、同年代の現役女子大生がたくさん働いている副都心の繁華街を離れて、大塚巣鴨地区に移ってからだ。本番ありの若妻の店に所属したら、たちまち人気嬢になった。

「その店はすごく自分に合っていた。出勤すれば指名されて、常連客もできた。ランキングにも入って嬉しかった。1日で10万円も稼げる日もあって、すごいと思った。体は疲れていても、頭の中でお金の計算をすれば、頑張れる。精神的には頑張れて、でも肉体がついていかないときもありました」

就活が佳境に入ると、面接を終えて風俗店に出勤する毎日となった。就活では不採用が続く一方で、夜の世界での人気はぐんぐん上がっていった。

面接で落とされ「慶應大生」というブランド以外は、自分には何の価値もないと追い詰められた。就活に手ごたえのない日々の中で、風俗嬢としてランキングに入れたことが、人生で一番の自信になった。

「有名企業への就職を諦めてから、風俗嬢として本格的に売れだした。売れれば売れるほど、もう元の自分には戻れないと思った。風俗をきっぱり辞めて飲食店のアルバイトに戻って頑張って働いても月7万円、社会人になってもせいぜい20万円しか稼げない。でも風俗だったらたくさんの男性に求められて、1日で10万円も稼ぐ日もある。それに風俗で稼いだお金を使って、やっとコンプレックスだった肌がキレイになった。もう戻りたくない、辞められないと思った。誰かに求められて稼ぐことは悪くない、そういう思考になりました。だから求めてくれる人がいる限り辞められなくて、今も続けています」

話はここで終わった。そのまま家に帰るというので喫茶店を出た。歌舞伎町から新宿駅に戻ることにした。歌舞伎町は絶頂期と比べると活気が失われていたが、新宿駅周辺は週末を楽しむ人々でごった返していた。

「実は子供の頃にイジメられていたんです。ずっと日陰だった。ずっとイジメられっ子で、放課後に友達と遊んだり、仲良しグループと出かけたり、そういう経験がなかった。オーソドックスなイジメはだいたい経験しました。変な噂を流されたり、無視されるとか、物を隠されるとか。小中の友達は誰もいない。彼氏も就活理由の自然消滅じゃなくて、私が寂しくて1日何度も電話したり、会いたいってしつこいから、だからフラれたんです。誰かから求められることが今の私は嬉しい。風俗を辞められない一番の理由は、それです」

白石安奈は、靖国通りを歩きながらそんなことを語りだした。

地元の同級生が誰も行かない高校を選び、高校3年のときに猛勉強して慶應義塾大学に合格した。当時はそれだけが自分を支えるアイデンティティだった。

大学2年のとき、初めての彼氏ができた。恋愛に依存しすぎてフラれて、就活もうまくいかなかった。満たされない日々の中で、自分を求めて受け入れてくれたのは、大塚巣鴨地区の本番デリヘルだけだった。

「承認欲求です。今日話しながら、風俗をいつまで続けるの?って自問したけど、辞められない」

白石安奈は風俗嬢の名前でツイッターをやっている。覗いてみると会社の愚痴や「辞めたい」といったことが延々と書かれていた。彼女は今も社会で「求められる」ことはなく、不満と不安を抱え、うまく生きることができないようだった。

第四章
貧困からAV女優へ、AV女優で貧困に

三田杏　雑草を食べて生きていました

日本の貧困は深刻な状態に陥っている。筆者はこの数年、貧困取材を繰り返しているが、もう、どこにも抜け出しようのない絶望的な話が溢れている。さらに非正規雇用の層はアンダークラスと呼ばれ、格差が行きすぎ、日本は階級社会に突入したと言われる。階級社会は貧困層の子供は貧困を余儀なくされて、生まれによって人生がほぼほぼ決まり、その階級から抜け出せないということだ。

ここで言うまでもないが、社会の政治経済状況と、女性たちが裸の世界へ流れる実態は相関関係にある。

それまで圧倒的な不人気職だったＡＶ女優は、２０００年代から志願者が急増した。誰にも嫌われるまさにアンダークラスな職業だったが、現在は誰もがなれる仕事ではなくなった。普通の女の子たちが、自らＡＶ女優に志願したり、合理的に稼ぐために本格的に性風俗に流れだしたのは、生活の根源である労働法を改正した小泉政権以降になる。

市場原理主義は競争で、一部の勝つ者はとことん勝ち、膨大な割合の敗者が生まれる。様々な規制緩和で激しい競争が起こり、資産のある大企業や富裕層が優遇される一方、多くの国民は貧窮し、今まで裸になることのなかった女性たちが、性行為を換金する事態になってしまったのだ。

半年前に大型AVアイドルとして大々的にデビューした三田杏（19）は、シングル家庭に8人兄妹の大家族で育ったガチの貧困層出身という。中卒で介護施設に就職して、介護福祉士からAV女優に転身している。

「育った環境は、メチャメチャ貧乏です。貧困も貧困で、本当に貧しかったですから」

どうも本当に貧困家庭育ちのようだった。AV女優は競争が激しすぎ、貧困家庭出身の志願者は多くても、どうしてもお嬢様育ちの現役女子大生のような女性が選ばれる。選別の段階で排除されてしまうので貧困育ちの大型AVアイドルは珍しい存在といえる。

彼女は8人兄妹の下から2番目。3歳下の一番下の弟が生まれてすぐ、両親は離婚した。それからずっとシングル家庭で育っている。両親の離婚理由は、父親の暴力と浮気だった。

「弟が生まれてすぐに離婚したみたい。それからママは4つ掛け持ちで仕事して、それでも生活が成り立たなかった。お父さんは弟が成人するまで毎月養育費を振り込むってことだったけど、全然振り込まれなくて生活費が常に足りない。ママは借金するようになって、家には借金取りも来るし、電気ガスが止まって、最後に水道が止まる。兄妹で公園に水を飲みに行ったり、隣の家にご飯をおすそ分けしてもらったり」

１９９９年生まれ。労働者派遣法が改正されて非正規雇用が本格的に社会に浸透する最悪な時期に、両親は離婚、シングル家庭になっている。８人の子育てをしているシングルマザーがまともな職業に就けるはずがなく、最低賃金に近い時給パートを掛け持ちした。

８人の子供が普通に暮らせるお金を稼げるはずはなく、食べ物がないというレベルの貧乏だったという。

「家にはなにもない。蜜が出る花があるじゃないですか、兄妹でそれを吸いに行ったり。食べられる雑草を探して、茹でて食べたり。あまり信じてもらえないけど、本当にそういう生活をしていた。家に食べ物は本当になくて、おやつなんて絶対にないし、近くにパン屋さんがあるんですけど、そこで切れ端をもらって水に塩を入れて、パンの耳を浸して食べるとおいしいんですよ。メチャ美味しい」

目の前にあるコーヒーカップになにかを浸す素振りをして、指先を口元に持っていく。パンの耳の塩水漬けは本当に美味しいらしい。

「それと近くのスーパーで特売日があって、カップラーメンが48円なの。1人2個までで、それを兄妹全員で買いに行く。夕飯は1個を2人で食べるとか。お誕生日には普通の家ではケーキとか食べるけど、うちはほか弁だった。唐揚げ弁当とか。それが最高のご馳走というか、一番の食事でした」

デビュー作のパッケージを見てみると、彼女はDカップの美乳だった。家に食べ物がない状態でも、給食で栄養が摂れる。貧困でも、なんとか育つようだ。

すべての貧困家庭でネックとなるのは、公立学校の高額必需品だ。ランドセルや制服など、揃えなければならない。3月の卒業入学シーズンになると、どうしても買えない貧困家庭の親の行政への相談が増える。貧困層が集まる団地では、お下がりを団地全体で共有していたりする。

長女、次女と何代にも渡って使い続けたランドセル、体操着を渡された。ボロボロで黄ばんでいる。クラスで浮き、イジメられた。

「学校では差別もされるし、イジメられたこともある。服は毎日同じだし、ランドセルもお下がり。軽く10年以上使っているからボロボロ。制服も体操着もそう。靴も親指が出て、雨の日に水が入ってきちゃうようになったら仕方なく買う。超汚いのしか使えなかった。クラスメイトからはなんでいつも一緒なのとか、なんでリコーダーまでお下がりなのとか。可哀想だね、みたいな。私はなに言われても大丈夫だったけど、弟は泣いていました。みんな真っ白の体操着なのに、自分だけ黄色っぽくて汚いって」

12歳上の長女から、3歳下の弟までの8人兄妹。高校卒業した長女や長男、次男、三男は独立して、それぞれの道を進んでいる。ずっと苦しい生活を続けて、そこから抜けることができた兄妹全員が残った弟や妹を助けてくれるわけではなかった。母親と絶縁した兄姉もいた。

「ママが生活費が足りなくて、長女と長男の名前で借金しちゃった。それを後から知った本人たちが渋々返済して、本当にみんなウンザリしている。ママは基本的に毎日お金に困っていて、みんなに社会人になったら『お金を貸してくれる？』みたいなことばかり言っていたし、実際にそんな連絡ばかりした。みんな嫌になっちゃった。本当にママはお金ばかりって兄妹はみんな言っている。『弟がご飯も普通に食べれない』とか、『800円しかない』とか。今は上の兄姉はみんなママを見捨てて、お金を振り込まないって言っているし、そのうちの2人には絶縁された。親子の仲が悪いのは普通にママが悪いです」

母親は保育士だった。離婚してすぐ元夫からの養育費が期待できないことがわかって、朝ガソリンスタンドで働き、昼は非正規雇用の保育士、夜は飲食店で働き、自宅では内職するという働きづめの生活になった。そんな超長時間労働の生活を弟が成人するまで続けられるはずがなく、彼女が小学生のときにカラダを壊してしまった。

「ママは病気になっちゃった。それで借金したり、兄姉にお金をねだったり。上の兄姉も情はあるけど、自分たちがここで親にお金をあげるのは嫌って感じで、もう自分たちの道を歩きますみたいな。今まで貧乏で自分たちに散々迷惑をかけてきたのに、まだ迷惑をかけるつもりって。みんな嫌なんですよ。お母さんは鬱病になって、そういう病気もウザい感じになって、本当に残された家族はギリギリの生活になっちゃった」

そして雑草を食べて、花の蜜を吸い、公園に水を汲みに行く生活となってしまった。

木刀を持って殺してやると暴れた

最低限の衣食住を賄えるお金がないと、現代は生きていけない。日本の子供の相対的貧困率は13・9パーセント（※）まで上昇し、現在は必要最低限の生活水準が満たされていない子供が7人に1人まで拡大している。雑草を食べて育った彼女は、貧困の中でも下層の深刻な貧しさといえる。

彼女の家は単純に大国柱がないのに子供が多く、圧倒的にお金が足りない状態だ。家族なり、行政なり、誰かが足りないお金を補填しないと、子供たちは生活ができない。助けが必要なのに独立した兄姉たちは家族と距離を置き、いつまでも貧困から抜けられなかった。貧乏に耐えかねた母親は、最終的に生活保護を受けた。しかし、彼女が小学校高学年のとき、生活保護をやめてしまった。それから、本格的な貧困と家

※厚生労働省「平成28年国民生活基礎調査の概況」より

庭崩壊がはじまったという。

「途中からお母さんが生活保護のお金をとりに行くのを嫌がって、なんでだろうって、私もついて行ったことがある。役所の人が生活保護者をゴミみたいに扱うんですよ。ママが鬱病になったのは、最終的には役所の暴言が原因になった。国のクズ、地域のゴミみたいなことをいろいろ言っていて、すごい酷い言葉をママにぶつけていた。ママは病気で働けない。ドクターストップがかかっていたけど、こんなことを言われ続けるんだったら、死ぬ気で働いて自分で生きていきたいって。それで生活保護をやめたんですよ」

　生活保護を受給していた数年間は、1日3食を食べることができた。しかし、また給食とパンの耳と雑草という生活に逆戻りだ。貧しくなると精神的に追い詰められる。母親は毎日、毎日、お金のことしか言わなくなり、家族の雰囲気はおかしくなった。

「貧乏な家に生まれてしまったのだから、しょうがないって割り切るまで、私もかなり悩みました。お母さんにも何度もキレたし、家出もしたことある。死にたいって何度も言ったし、幸せなんて思ったことなかった。そう言うと、ママがごめんねって謝ってくる。私も自分で稼ぐようになって、ママはあのとき本当に悲しかっただろうなって思うし、今だからわかることが多いかな」

母親がウザい、そして貧乏の原因となった父親を恨んだ。母親だけでなく、家族全員が精神的に荒んでいた。

「私はママをひっぱたいたりした。元々すごいママっ子で、ママがいないと嫌だとか、そんな感じだったのに。私が中学1年生くらいのときから、ママが私だけに暴力をふるうようになった。最初は暴力ふるわれているのは自分だけだから、私だけ愛されているのかなみたいに解釈したこともあったけど、だんだん嫌になった。そんな中で中学3年のとき、1年間勉強をすごく頑張って公立を受けて、無理と言われていた高校に合格した。合格からしばらく経って、『入学金がないから高校は無理』って言われたとき、なにもできないじゃんって暴れた」

日本の教育格差は、家庭が自己負担する教育費の違いが原因だ。貧困家庭の子供は教育費をかけられないので、学力が伸びることなく、進学ができずに将来的に貧困を余儀なくされる。それが貧困の連鎖、遺伝である。

三田杏も成績は悪く、公立高校進学に偏差値はまったく足りなかった。中学3年のとき、1年間頑張って福祉科のある高校になんとか合格した。将来は介護福祉士になりたいという夢があり、それが支えだったという。

高校の入学金納入の最終日、その未来が一瞬で崩れた。

お金がないので高校へは行くなと言われて、夢もなにもなくなった。今までの貧困生活の不満と、蓄積された不穏が爆発したのは、その断念の瞬間だった。自宅で大暴れした。

「木刀持って暴れました。殺してやるって。私がこれだけバカなのに、合格は絶対に無理って先生に言われていたのに、メチャメチャ頑張って合格した。合格通知をすごく大事に持っていて、ママもおめでとうって喜んでくれた。なのに、なにこれって。私の頑張りはなんだったのってなった。お金もないのに、おめでとうとかよく言えるよねって怒鳴り散らした。今までなにも褒められたことがなくて、初めて褒められて嬉しかった。だから、カーッとなった。お姉ちゃんが修学旅行で木刀を買ってたから、それを持って暴れちゃった。全員殺すみたいな。兄からやりすぎだって殴られて、もう家には居場所がない、誰も私を守ってくれないと思った。それからは一人暮らしすることを目標に介護職になって、他にもバイトして、お金を貯めた。それでママにさよなら告げて、家を出た」

介護は資格がなくても就業できる。中学卒業してすぐに介護施設（デイサービス）に入職した。介護保険以降の介護は問題まみれで、63業種中、最下位の低賃金だ。圧倒的な人手不足となって、貧困層や失業者の受け皿となっている。日本の貧困や貧困から抜けられない階級化は、少なからず介護業界が牽引しているが、中卒の彼女は引き寄せられるように介護職になってしまった。

中卒で無資格、時給８００円の非正規雇用だった。朝9時〜17時の週5勤務、一人暮らしの資金を貯めるためにトリプルワークをした。朝5時から8時までファストフード、昼間は介護施設にフル出勤して、就業後の19時〜23時はガソリンスタンドで働いた。母親の離婚後と同じ、朝から晩まで働きづめとなって過酷な長時間労働をするようになった。長時間労働をしても、どこの職場も最低賃金に近い時給である。遊びや眠る時間を削って働いて、やっと毎月23万円くらいを稼いだ。

貧困家庭や貧困者が周囲にいる環境では、ない者がある者から奪っていくということが起こる。さらに彼女が足を踏み入れた介護業界には、ない者を低賃金で働かせる搾取体質があり、知らぬうちに二重三重の苦難を背負った。

「結局、家にはずっと本当にお金がなくて、最終的には兄姉にも距離を置かれた。私が働くようになってから、ママに毎月12万円くらい渡した。だから死ぬほど働いても、自分の手元に残るのが11万円くらい。介護施設が貸してくれた寮は月1万円。上の兄姉はお金入れないし、ママには借金もある。もう、私がどうにかするしかなかった。私が犠牲にならないと、弟がもっとツライ思いをするだろうし、本当に仕方がなかった」

中学卒業して働きづめになって、手元に毎月10万円は残るようになった。

「大金だから嬉しくなって、生まれて初めて自分でケーキを買って食べました」

駅前の洋菓子店でケーキを買って、食べた。信じられないくらい贅沢している気分になった。

どうして私が家族を背負うのか……何度も悩んだ。結局、本当に苦しそうな母親と弟を見捨てることはできなかった。母親が自分をここまで育ててくれたから今がある。これからは自分が楽をさせる番と考えることにした。そう思えるまでに時間はかかった。

「最初は12万円もとられて、仕事を放棄したくなった。ウンザリしたし、嫌になって

1週間くらい仕事休んだこともあった。お金を出しているうちに、ママも兄姉も、私がお金を出すことが当たり前みたいな雰囲気になって苛々した。だから、今のままだと気に障ってお金渡す気にもならないって言った。だからお洒落もしたいって抵抗したこともあったけど、兄姉が稼いでいるんだったら金出せよ、おまえは被害を受けてないだろうって。他の兄姉はママの借金を肩代わりして返しているから、もう家にお金を入れられないって。それで仕方なく頷いた」

17歳のとき、バイト先のファストフードの同僚と恋仲になった。相手は1つ年齢が上の高校生で、夕方アルバイトしていた。高校生と介護職のトリプルワーク、まったく時間が合わなかった。家に12万円を入れなくてはならない彼女は、まったく時間がない。長続きしなかった。友達もできなかった。高校に行っている友達とは、話も時間も合わなくなった。人並みに遊ぶ時間も、人間関係もない。悩んだこともあったが、家族を背負っているのだから仕方がない。諦めた。

18歳。母親の病気は悪化した。

「ママが膠原病《こうげんびょう》になって、手とか足があまり動かなくなった。もう、なにもできないって。それまでママは自分で月13万円くらい稼いでいたけど、それがゼロになった。

結局、私が今までの12万円プラスその13万円も稼げってなって、私の給料を全部家に入れても足りない。そこでキャバやろうか、勇気出して風俗やろうかっていろいろ考えたんです。考えて、調べて、AV女優を選んだ。AVを一度やれば、何十万円もお金が入る。なんとかなるかもって」

お金を効率よく、簡単に稼ぎたい。それだけだった。AV女優に応募したら、とんとん拍子で話が進んで大型デビューが決まった。病気で働けない母親と、貧困に苦しむ弟のためにカラダを売る……とんでもない悲劇に聞こえるが、三田杏には悲壮感はない。

最低賃金で睡眠時間を削って働く長時間労働のほうが健康にも悪く、カラダを売って解決するならば、そっちのほうがよほどマシかもしれない。そういう時代になってしまったのだ。

「いろんなところに面接に行って、専属単体になったよって。そう言われても、正直、なんでって。有名にはなりたくなかった。バレたらママががっかりするだろうし、いろんな兄姉の友達にかわいがってもらったのに、バレたら家族の仲が崩れるんじゃないかなって。すごく、心配した。単体デビューはほとんどの子は嬉しいのかもしれないけど、自分の中では落胆のほうが大きかったかな。でもＡＶ出演して、25万円をママに渡したら、すごく喜んでくれた。ありがとうって。だから、いいか、頑張ろうって。それで、今に至っています」

ＡＶ女優になって半年、実家に毎月25万円を振り込んでいる。

結局、お金があるところに群がり、背負った者が人一倍苦労するという貧困の典型的な話だった。下から2番目の三田杏がＡＶ女優になって、残された家族の貧困を背負ったことで、家族も兄妹もトラブルなく、平穏に暮らしている。そして、現在高校生の弟が悲しい顔をすることもなくなった。

華やかなＡＶ業界の片隅に、世知辛く、日本の未来を暗示する厳しい現実があった。

丸山れおな　企画単体女優の貧困

「マジで貧乏。キッツイ生活。ほとんど贅沢しないけど、最低限の生活でお金がなくなって。食べ物を買うお金にも困ることが頻繁にある。だから食べ物は、賞味期限が切れていても普通に食べるし、この前は2年前のチョコを食べてお腹を壊したし。電気とかガスとか、最悪なときは水道も止められちゃう。当然、携帯は毎月止まっちゃうし」

そう訴えるのは、ギャル系企画単体AV女優・丸山れおな（21）、深刻な貧乏暮らしに溜息をついていた。

三田杏のように貧困家庭出身で単体デビューを掴み、「お金がない」という問題を一時的にでも解決できれば、もはや悲劇ではなく美談だ。AV女優はお金になる、稼げる、女性が簡単に価値を認められる仕事の代名詞としてずっと世間や女性たちに認識されてきた。しかし、この10年間の深刻なアダルトメディア不況で、その定説は完全に崩壊した。

無料無修正動画サイトの横行で深刻な客離れが起こり、長年若者にはアダルトは見向きもされていない。女性の裸やセックスに誰もお金を落とさなくなり、価値が認められなくなった。市場はどんどん小さくなって、もはや虫の息という状態だ。前述の通り、AV業界は狂った宴なので他のビジネスに移行することは難しい。女性の裸に頼らなくては商品を提供できない。厳しい数字を突きつけられたメーカーは、利益を確保するため、製作費を下げてタイトル数を増やして現状維持の売上を確保する。

供給過剰でいくらでも替えの利くＡＶ女優は、どんどん使い捨てるという手段をとった。１本あたりの売り上げは全盛期の6割、7割ダウンという惨憺たる状態で、さらに無修正サイトだけでなく、海を渡って海賊版がバラ撒かれ、手に負えない。膨大な人々に無料鑑賞されて、ＡＶ女優はお金にならないのだ。

丸山れおなはＡＶ女優のヒエラルキーの上位にいる「企画単体女優」である。ついに企画単体女優の貧困がはじまってしまったことになる。

彼女は常時４０００人程度が入れ替わるＡＶ女優の中で上位15パーセントの層にいながら、家賃４万円のマンションで暮らす。貧乏暮らしをするのは節約のためではなく、圧倒的にお金がないからだ。年に何度かは食べ物に困り、腐った食料に手を出すこともある。限界に近い貧乏を耐えながらＡＶ女優を続けている。

「ＡＶ女優になって一人暮らしをしてから、ずっとそんな感じ。まわりには『どうしてＡＶ女優なのに、そんな貧乏なの？』って不思議がられるけど、今は出演料がメチャメチャ安い。だから、出演料だけで暮らそうとすると貧乏になる。私は自分の意思でＡＶ女優以外の仕事をしない。だから、嫌なことするくらいなら貧乏でいいし、なんとか歯を食いしばってきついい生活も我慢していいます」

丸山れおなはAV女優という職業にプライドがある。小学生の頃から「グラビアや性についての仕事をする」と直感していた。

「お洒落はネイル、日サロ、つけまつげ、カラコン、ピアスとか。ギャルは、特にネイルはすごく大事。自分がしたいからして、自分がかわいいと思うからする。私、ずっとブレてないですね。小学校4年くらいからメイクをはじめて、ネイルも自分でやった。ルーズ履いて、小学校に行ってパラパラ踊るみたいな」

小学校高学年のときにはすでにDカップあって、裸を武器に生きれば勝てる気がした。初体験は14歳、地元の有名なヤリチン男子だった。

「耳に大きな穴のピアスをした男。お兄ちゃんの友達で、家族ぐるみで仲がよくて、ヤリチンってカッコいいじゃないですか。告白されて、じゃあ付き合おうみたいな。まわりからは止められたけど、好きだから。そこからセックスですね。そのヤリチンが出会い系使って、年上の女性とセックスしてお金もらうみたいなことをしていて、さらに元カノのことを引きずっていた。頻繁にメールチェックするので、そこから浮気発覚して冷めた。1年くらい付き合って、高校生になってからはヤリマンですね」

学校が長期休みになると、髪の毛を金髪やピンクに染めていた。ネイルして、派手な制服の着方をして登校した。進学した低偏差値高校は勉強ができない人たちの巣窟だった。

「高校生になってからは長く付き合った彼氏ができて、他にセフレがいっぱいの状態になった。セフレは常に8人くらい。彼氏のことは好きでも、セックスしたいから男がどんどん増えていっちゃう。一時期はオタクとか童貞にもハマって、アニメのオフ会みたいなのに参加してヤリまくった。童貞狩り、サークルクラッシャーですね。私が突然コミュニティーに入ってきて、いろんな男とセックスしまくるからそこはメチャメチャになる。ただ自分の中にあるふつふつとした破滅衝動を抑えつけるためにサークルクラッシャーをしていた。人数は数えきれないけど、高校だけで100人〜150人くらいはヤったんじゃないかな」

ずっと、今が楽しければよかった。高校卒業しても将来のことはなにも考えてこなかったので、成り行きでフリーターになった。コンビニとメイドカフェで働いた。賃金は安かったが、楽しかったしいい経験になった。コンビニは高校から続けてバイトリーダーにまで昇格していたが、このまま続けても一度しかない人生を楽しめないと思っていた。好きなギャルＡＶ女優にハマって、自分もＡＶ女優になった。調べてプロダクションに応募して、受かった。

宣伝用の写真撮影の日、金髪ピアス、ギャル系の普段の格好で面接に行くと、「そんなんじゃ、売れない」と髪の毛からつま先まですべてダメ出しされて、ウブなロリ美少女に変身させられた。

「清楚な普通の子みたいにさせられて、本当に最初は嫌だった。ずっと派手なファッションやメイクが好きだったので、黒髪になった途端、どうでもよくなっちゃった。なにからなにまでメイクさんにお任せ。なにも楽しくなかった。ネイルもダメだし、お洒落もできない。プライベートもテンション下がったままだから、なんのために生きているかわからない」

憧れたAV女優だったが、なんのためにやっているかわからなくなった。

「やっぱり自分は自分でいたかった。せっかくAV女優になったのに、生きているかわからない状態じゃ意味がないなって。ギャルで売り出してほしいって、それがダメなら辞めるって直談判して黒ギャルAV女優になった」

丸山れおなは好きなことしかしない。好きなこととは、自分が夢中になれること。

現在、AV女優の出演料は安い。市場全体がどんどん縮小しているので、現場の数も減っている。ＡＶ女優になっても自分１人の生活すら支えられない、という現状がある。

貧乏でも、綺麗で華やかな存在でいるために維持費がかかる。ネイルは１万２００0円、ヘアカラーとエクステで３万円以上、洋服やアクセサリーは安いものを見つけ出して毎月２万円ほど買う。自分自身の維持費を最優先に月４、５万円を投資し、家賃と光熱費で６万円、携帯代が２万円。月の固定費は11万円程度だ。

企画単体でそれなりに活躍する彼女でも、ＡＶ女優としての収入は月15万〜20万円程度しかない。年収換算で１８０万〜２４０万円であり、その年収は低賃金が社会問題になる非常勤の介護職程度となる。毎月必要になる固定費を差し引いて可処分所得で計算すると、相対的貧困に該当してしまう。

「ギャルは見た目ではなく信念。私はずっとブレなかった。ずっとＡＶ女優でいたい」

ＡＶ女優は、お金になる仕事どころか、もはや最低限の生活すら危うい仕事になっている。どのような現状か、簡単に計算してみる。

ＡＶ女優は１日に「２絡み、１疑似」、つまり２回の本番セックスと、１回の本番以外の性的行為をすることで基本価格が設定されている。メーカーがプロダクションに支払う1日のギャラは、「企画単体」で25万〜40万円ほどだ。ちなみに「企画」は12万〜18万円程度である。アダルト業界では昔からそれぞれの女優の定価を軸に、絡み（本番セックス）を何回するのか――という、本番回数で出演料の交渉が行われる習慣があり、メーカーは「絡み1回で半額にしてほしい」といった交渉をする。

AV女優の収入の低下がわかりやすくなるように、同じ企画単体レベルのAV女優を、全盛期だった2001年と現在で比較してみる。01年、AV業界はビデ倫系とインディーズ（非ビデ倫系）が拮抗して続々とメーカーが増え、さらに違法な激薄ビデオも人気女優を起用して撮り下ろしていた。ビデオ撮影現場に加えて、コンビニ売りのDVD付アダルト雑誌も登場し、少なく見積もっても現在の2倍以上の撮影現場数があった。人気の企画単体に依頼が集中して、メーカー専属の「単体女優」よりも知名度の高い女優が続々と現れたことから当時は「キカタンブーム」と呼ばれた。

市場の縮小が止まらない現在に週1本月間4本の出演依頼があるならば、全盛期の01年には少なくとも2倍、3倍の依頼はあっただろう。当時と比べると求められる女優のレベルは著しく上昇しているので、現在定価25万円の女優は、01年ならば定価

40万円ほどになる。さらに当時は2絡み1疑似の満額の撮影が普通だったが、現在は1絡みで半額という依頼が多い。

そうすると01年の企画単体の1カ月の収入は、40万円（1日の出演料、本番2回）×8本（出演本数）×0・5（女優の取り分）＝160万円となる。現在は12万5000円（1日の出演料、本番1回）×4本（出演本数）×0・5（女優の取り分）＝25万円だ。稼働日数は異なるが、月収換算で16年前と比べて85パーセントダウンとなる。セックスの濃厚さ、労働の密度は現在のほうが遥かに高く、女性たちの将来的なリスクを考えるとまったく割に合わない仕事になっている。

さらに撮影素材を二次使用、三次使用して、女性たちの消耗も早く。使い捨てが常態化している。これが賃金下落の止まらないＡＶ女優の現状で、まだ底打ちしていない。そんな厳しい状況の中で、ＡＶ女優にプライドを持つ丸山れおなは貧困生活を余儀なくされているのだ。

今までは簡単に価値が認められる象徴だったＡＶ女優だが、上位層の企画単体から相対的貧困の該当者が生まれてしまった。もはや絶望的な事態になっている。

第五章

ずっと下を向いて生きてきた

蓮実クレア　私、激しくダメ野郎です

筆者はＡＶ業界にかかわって20年くらいが経つ。20年間で、ＡＶ業界の風景は本当に大きく変わった。変わりすぎた。

大学在学中、居酒屋で声をかけられ、アダルトビデオ専門誌を手がける編集プロダクションでバイトすることになったのがきっかけだ。時給９００円だった。当時サブカルブームの影響を受けて娯楽系のライターや編集者は超人気職だったが、アダルト周辺に限れば、誰もやりたがらなかった。エロ本もＡＶと同じく女性を裸にして、写真を印刷してバラ撒くビジネスだ。最低最悪の製造業である。他に行き場所がない人々が集い、簡単な世界だった。たいした競争はなく、なんの実績がなくても「ライターです」と自称すればまかり通った。

就職活動しないで、そのままフリーライターになった。編プロ社長には「エロ本の文章なんて誰も読まない。適当にエッチな文章書いて、文字数が埋まっていればいいから」と教えられ、本当にほとんどの人はそんな感覚だった。フリーになった瞬間に生活できるくらいの仕事は舞い込み、原稿は締め切りと文字数さえ守っていれば、内

容はどうであっても合格点はもらえた。

アダルトビデオは2002年あたりまで、本当に簡単に売れた。常識的な基準として女性が出演して本番か疑似本番が2回収録されていれば商品としてOK、クオリティーではなく、パッケージと写真だけで売上は決まった。零細レンタルビデオ店が顧客で、その売上が中心だったので、末端視聴者の要望を聞く必要はなかった。女優の綺麗な写真を撮ってパッケージを作り込み、収録時間は60分で内容は2回のセックスが収録されていればレンタル視聴者は文句を言わなかった。特別な才能はなにもいらない。ライターと同じく、誰でもできる仕事だった。

映画やVシネマと異なり、女性の裸とセックスに依存するアダルトビデオは低予算で簡単に作れる。2000年代前半まではレンタル、セル、インディーズ、有料放送、激薄、海外向け、裏ビデオ、裏本と、様々なエロメディアがカオスとなった。簡単に作れるのは生産性が高いということで、本当に活況だった。

生産性が高く、投資効率のいい産業には、怪しい人物たちが集う。まともなメーカーやAV監督は一部で、簡単に稼ぎたい人たちが群がり、詐欺師みたいな人がホームレスのような人物にAV制作を依頼し、一瞬で巨万の富を稼ぐみたいなことも何度も眺めた。プロダクションもAV女優も稼ぎまくっていた。女優の人数より、男性の需要のほうが大きく、常に女優は足りない。著しくスペックの低いデブやブス以外なら、脱げばなにかしら換金する方法はあった。

自ら出演したい女性だけでは、とても足りない。脅したり、騙して出演させることは日常的に起こり、今で言うAV強要まみれだった。暴力が蔓延して、当然の如く、犯罪が横行する世界だったが、現在のような大きな問題にならなかったのはAV女優がそれなりに潤っていたことと、インターネットの影響が少なかったので裸の写真や映像が残らなかったからだ。

エロメディアが活況な時代は他業種もそれなりに元気で、AV女優は転落した人生の墓場といったイメージでとにかく不人気だった。自ら出演したいという女性は大きな借金を抱えていたり、不幸な境遇であったり、なにかしら事情を抱えていた。そして、膨大に存在した騙されて出演した女の子たちは、どこかで折り合いをつけて、AV女優になってしまった運命を受け入れていた。90年代から00年代前半にかけては、アダルトビデオに心から前向きに出演する女性はあまり見たことがない。

「私、激しくダメ野郎です。本当に酷いし、どうしようもない人間です。自虐とかじゃなくて単なる事実です」

蓮実クレアは2012年デビューの超人気女優だ。

2000年代半ばから大河ドラマに出演したり、AV女優のアイドルグループが人気となったり、AVが社会進出し、女性の志望者が増えた。同時に売上は鈍化して、あっという間に女性の供給過剰になった。アダルトビデオはなかなか売れなくなって、AV女優になかなかなれなくなった。AV業界は悪化の一途で、この数年間は35年間の歴史で最も厳しい時代といえる。蓮実クレアは歴史的に最も競争が激しく、厳しい時代に6年間という長期間第一線で活躍する。

この数年の人気AV女優は、一流大学在学中の女子大生や元グラビアアイドルなど、スペックの高い女性がズラリと並ぶ。人気の蓮実クレアは育ちがよく、能力が高い女性かと思いきや、すぐに自分自身を全否定するようなことを言いだした。

「今は、取材でもかなりまともに喋れるようになりました。それまでは質問されても『あ、大丈夫です……』みたいな対応しかできなくて、病的なコミュ障なんでしょうね。なにが大丈夫かまったく脈路がなくて、自分でも意味わからないし、せっかく来てもらっても話が進まない。私、すごく性格がネガティブで『この人が私に質問するのは、たぶん気を使ってくれているから。私の本当の答えは、きっとその人は求めてないし、本当のことを喋って嫌な気分にさせたら申し訳ないから、喋らないようにしよう』と思っていました」

気分が乗らないから喋りたくないというAV女優はたくさんいたが、喋ったら申し訳ないから喋らない人気女優は初めてだ。どうして、そうなってしまったのか。

「わからないです。幼稚園のとき、横断歩道で待っていたおばあちゃんと手を繋いで、友達になったと喜んでいた、というエピソードを母親から聞いたことがあります。それが事実なら、明るい人間ですよね。だから、ネガティブになったのは小学校以降でしょうね。小学校からはクラスでいるかいないかわからないような感じ、それがずっと続きました」

ずっと空気みたいな存在で、それが日常だったという。明るくなりたくて、意を決して喋ったことも何度もある。必ず空まわりとなった。いつからか、周囲から見下される目線にも慣れてしまった。

空気みたいな存在

プロダクションの片隅で話を聞いているが、ワイワイと声が漏れてきて活気がある。蓮実クレアも取材が終わり次第ユーチューブ番組に出演するとかで、見たことのある人気女優が続々と集っている。

昔からAV女優にはプライドや自己評価が高くなる環境が整っている。彼女のような人気AV女優になるとツイッターフォロワーは10万人を超え、ファンからすれば高嶺の花の憧れの存在で、行動範囲である事務所や撮影現場ではどこに行っても基本的に優しくされる。AV業界内ではあらゆる場面で評価されるので、それまでの黒歴史があっても封印して忘れるのが普通だ。

彼女は本当に自己評価が低く、単純にそのまま自分のことを語っているように見えた。

――小学校から空気みたいな存在って？

「本当に自分が嫌だったので、中学デビューとか、なにかのきっかけでキャラ変更ができるなら、明日にでもキャラ変更したい。でも人間なんて変われないので、そんな簡単なことじゃないですよ。中学になっても同じ空気で、部活はなにもしていないし、友達もいなかったです。大人になるまで、母親の監視の中で生活していました。1人っ子で友達いないし、常識も知識も母親からの情報しかないというか」

――1人っ子の箱入り娘だったのね。

「母親の目の届く範囲でしか動かなかった。地元以外で遊んじゃいけないとか、人の家には行くなとか、旅行はダメとか、制約はたくさん。そうすると友達できないので、常識とか知識とか、親からしか入ってこないじゃないですか」

――でも外見はかわいかったでしょう。かわいい子は、そんな厳しい状態にはならない。

「いいえ。いつも気持ち悪いって言われていました。自分のことなので、具体的にどこが気持ち悪いのかわからないです。性格ですかね、暗いとか。それが一貫したみんなの評価ですね。聞きなれた言葉は『きもっ』です。男子にも女子にも『きもっ』って言われて。かわいい子は誰かをイジメていても人気者ですよ。だからかわいくなったらイジメられないと思って、将来はモデルになりたいとか、ざっくりした夢はありました」

——気持ち悪いって、今と外見が違うの。

「違くないです。髪型はワンレンで、ど真ん中わけ。長い髪の毛でした。毎日キモイって言われて、それに反発するわけでなく、それはそうだよなって思っていました。かわいいとは母親しか言ってくれない。体型が細いねって言われたことは何度かあります。ただ暗いし、ネガティブ、上向かないし、髪の毛ぼさぼさだし、なにもなかったです」

——教室でずっと下を向いていたの？

「だって前を向いたら、誰かしらに怒られるから」

——イジメっ子に？　当事者なので理由はわからないだろうけど、どうしてだろう。

「はは。なんか暗い話になってきましたね。小学生からずっと、みんなにイジメられていました。中学校まで。高校は女子校だから一応縄張りを作りながらピリピリしてたからイジメられなかったです」

——イジメは具体的になにをされたの。

「みんなでプールに行こうってなって待ち合わせ場所決めて、私だけ違う場所を教えられたり。私は自分が間違えたって納得していたけど、後から聞いたらイジメだったたみたい。それを聞いた親が怒って、人と遊ぶことが禁止になった。あとは『キミの上履き、池に落としちゃった』とか。いいよ、いいよって済ましていた。落としちゃったのはしょうがないかなって思っていたけど、それもイジメだったみたい」

――嫌がらせされても、鈍感を装ってやり過ごしていたと。でもキモイってみんなに言われるのはツラい。

「イジメの延長で私が気づかなくて、エスカレートしたのかな。キモイ、キモイって言われっぱなしだったけど、叩かれはしなかったです。『これ、とってあげる』『わ、もう飲めない』『ごめんね、私、飲むから』みたいな。ばい菌みたいな、はは」

――それで、下を向いてしまった。

「大きくなってくると、扱いが露骨になってくる。相手がなにを思っているのか、少しわかってくるようになるじゃないですか。今のは悪意のある言葉ってわかってくると、迷惑かけないように下を向いていたほうがいいかなって」

徹底した自己評価の低さは、小中学校時代のイジメが原因だった。納得した。イジメを心配した母親は過干渉になった。過干渉になったことで、さらにクラスの中で浮き、自立が遅れて、クラスメイトとの距離はより広がっていった。

――高校へは行ったの。

「すごく偏差値が低いところに行きました。親は大学まで行ってほしかったみたいだけど、勉強ができなかった。どれくらいできないかというと、中学3年のときは偏差値23でした。当時、公立で一番偏差値が低いところも無理で、誰でも入れるところに行きました」

――偏差値23はヤバイね。

「ははは。勉強は面白くなかったです。今、いろいろ知るのは楽しいけど、当時はなにも知りたくなかった。進学のときに親は公立にこだわったけど、担任の先生がそれだと行く場所がなくなるって。その高校は制服がかわいくなくて、頭が悪くて、素行が悪いってバカにされていた。実際に同級生はみんなすごく頭が悪かった。でもイジメはなくなって、高校は普通に過ごすことができました」

――将来に不安はなかったの。

「なにも考えてなかった。勉強できないことが重要な問題とは思っていなかったし。人前に出る仕事をすれば、明るくなれるんじゃないかと思いだしたのは高校から。人前に出ることができれば、自分に自信がもてて輝けるんじゃないかって。そういう気持ちはあったけど、どうしたらなれるかとか、どんな準備が必要とかなにもわからない。そう思っていただけ」

――女子校だよね。男子との接点は？

「ないです。ゼロです。門限が厳しかったし、高校のときは自宅と学校を行き来しているだけで終わっちゃいました。家ではゲームしているだけでした。3年間で卒業してフリーターになりました」

時給900円、飲食店員になった。週4日くらい出勤して、給与は10万円くらい。実家住まいなので、お金に困ることはなかった。

――有名なチェーンで働いていたんだ。

「喜んでってやっていました。1年くらいで辞めて、他はファミレスとかバイトを転々としました。ファミレスは馴染めなかった。19歳のときにキャバクラをやってみて、全然ダメでした。喋れないし、お客さんにお金使わせるっていうことができない、まったく合わなかった」

――これまでの話を聞いていると、確かにキャバクラは難しそう。

「お客さんがお金使うのが勿体ないって思っちゃう。それで美容の専門学校に入学したけど、まわりがみんな年下だし、人見知りな性格なので馴染めなくて夏まで持ちませんでした。本当になにも続けられないダメ人間で、自分でもあきれます。それでAV女優になりました」

――AV女優もよくできたなと思うけど、どんな女の子も受け入れようって業界ではある。

「最初は緊張したけど、みんな優しいし、なんとかなりました。本当によかった。こうやって客観的に自分を見ると、本当に可哀想な人だと思う。誰も私みたいになりたくないはず。AV女優って仕事があって、本当によかったです。明るく振る舞えない人が明るくしようとすると、痛い感じになるじゃないですか。その痛さも自覚していて、そういう部分で難しかったことはありました」

――6年間活動して、フォロワー15万人とか。すごいね。

「ムチャをしても自信が持てるなにかが欲しかった」

蓮実クレアは最近、少しだけ自信が持てるようになったという。子供の頃から記憶がある限り、なにかに自信が持てたのは初めての経験だった。

桜ちなみ　ＡＶ女優になるのが夢だった

ＡＶ関係者の逮捕が続出、連日ネガティブな報道がされている。

炎上も収まる気配がなく、人権感覚が皆無の最悪な産業として批難されている。そもそもがグレーな存在であるスカウトや奴隷的な契約の様々な問題点が指摘されて、さすがに女性の確保、人材獲得は困難になっているだろうと思いきや、多くのプロダクションは「応募は減っているどころか、増えていますよ」と言う。

先日、あるＡＶ女優の取材のために渋谷に事務所を構えるあるプロダクションに行った。玄関を開けると熱気がムンムンとし、３部屋ある会議室は応募女性の面接ですべて埋まっていた。高収入求人サイトからの反響が中心のようで、低賃金や過剰な消費でお金に困っている女性たちだ。１時間半くらい様子を見ていたが、ピーク時は応募女性の面接の行列ができる状態で、連日のネガティブな報道は若い女性たちにはまったく届いていないようだった。

ここは別のプロダクションだ。黒ギャルＡＶ女優の取材と聞いていたが、やって来たのは色白黒髪の清楚な女の子だった。桜ちなみ（25）は2年前に上京、AV女優になる。企画単体として出演を重ねるうちに黒ギャル姿でブレイク、それから撮影のたびに髪の毛を染めて日サロで肌を焼いて黒ギャルに変身するという。

一人暮らし。家賃7万円で贅沢な暮らしをしているわけでなく、月20万円あればなんとか生活できる。AV女優の出演料は大幅に下がったと言われるが、当然一般的な仕事に比べれば単価は高い。月1本か2本出演すればいいので、時間がかかる黒ギャルへの変身も全然OKだ。

ギャルが来ると思っていたので予定が狂った。桜ちなみは「私、本当にエロ女でヤリマンですよ。黒ギャル以外、AVで言っていることは全部本当のこと」と、喋りだした。

「小学生の頃からエロに興味があった。エロいことって面白いし、盛り上がる。小学5年生あたりからエロ本を拾って読むようになって、女の人が全裸で、男の人と交わる姿を見て本当にすごいって思った。なにこれって、どういうことなのかって友達に聞きまわって、いろいろセックスについて教えてもらった。男の人のチンチンを女のマンコに挿れるって。初めて聞いたときは衝撃でしたよ」

エロ本を拾うにはゴミ捨て場をまわって、収集しないといけない。雪が積もる冬場にエロ本拾いをするのは厳しく、暖房が効いているコンビニで立ち読みをするようになった。買物客のおばさんに「そんなものを読んではダメ」と怒られたことは何度もある。

「新しいものが読みたくて立ち読みするようになった。男の人と同じで、女の人の裸とか表情を見たり、キスする姿を見たり。別に興奮するわけじゃなくて、ただ男女がセックスする姿を見て、ものすごい興味を持ったんですよ。小学6年生のとき、卒業が近くなってくると夢とか訊かれる。卒業文集とか。将来なにをしようかって考えたとき、将来の夢をAV女優って書いたんですね。ふざけているつもりはなくて、本当に堂々と書いた。忘れていたけど、この前小学校の頃に書いたものを実家で見つけた」

中学生になってもエロ本の立ち読みを続けた。エロ本はコンビニと書店で内容が違うことを知って、コンビニは立ち読み、書店系のエロ本はゴミ捨て場で拾うことになった。

「中学生になっても、ずっとエロいことを妄想して男友達をからかったり。『おまえ、勃起してるんだろ、なにチンポ隠しているんだよ』って、グイグイ、いくキャラで。『おまえ、どうせ童貞だろ』みたいな。自分は全然処女なんだけど、男の子が性のことを言われて恥ずかしがる姿を見て楽しんでいました。私の時代は全校的に、女の子のほうが積極的でしたね。一歩先に進んで、男子をリードしている感じ。恋愛に関しても女の子からアピールしたり、告白したり、デートに誘ったりでした」

小学校の頃からエロ好きで無数のエロ本のページを読んだが、初体験は17歳と遅かった。高校2年のときに同じ高校の同級生と恋愛関係になって、初体験した。その男子と半年間付き合って必死に尽くしたが、フラれてしまった。

「そのとき徹底的に傷ついたんですね。それから傷つかないように恋愛から引いて本格的なヤリマンになった。本格ヤリマン、ははは。本当にそう」

彼氏には全身全霊尽くさなければならない。そう思っていた。お弁当を作ったり、宿題をやってあげたり、デートのプランを立てたり必死だった。彼氏に呼び出されて、「重い、もう別れたい」と言われた。

「好きってより依存していたのかな。重いって言われちゃいました。なにもかも初めてで、重いってことすらわからなくて。あ、こういうことが重かったんだって後から考えて納得した。受け入れられないで、なにが重いの、なにがってすがりました。フラれたショックで3カ月くらい立ち直れなくて、学校も行けなくなった。ご飯食べれなくて、眠れない。精神的に完全にヤバイ状態になっちゃって、最終的には精神病院に行きました。感情のコントロールが効かなくなって、嬉しいとか悲しいって感情がなくなった。ただぼーっと1日中テレビを観ていたり。ヤリマンをやろうって決めて、それで立ち直った」

夜になると、フラれた彼氏の顔が浮かぶ。眠れなくなる。新しい恋愛をすれば忘れられると慰められたが、また傷つく可能性があると思うと、こわくてもう恋愛する気にはなれなかった。

「友達とのエロ話で、誰々とヤったとか、クラスの男子とヤったとか。ビッチな友達がいて、それを聞くたびに『いいなぁ!!』って思っていた。でも彼氏がいるしって、それまでは自分には関係ないことって羨ましがっていただけだったけど、自分もヤろう、ヤリまくりたいって思ったら病んでいたのは治っちゃいました」

限界まで人数をこなすという目標を立てた。男性経験人数を友達と競い合った。学内、友達の紹介、ナンパなど、男を捕まえては肉体関係になった。自分なりにヤリまくった達成感はあったが、せいぜい高校3年の1年間で30人だったという。ビッチな友達には負けた。

ヤリマンだから、傷つかない

家庭のことを訊くと、シングルマザーの生活保護受給家庭という。ガチの貧困だった。両親は小学校3年のときに離婚、母親はショッピングセンターの非正規職員になった。5歳下の弟がいる。時給700円台の低賃金労働は3人家族の生活保護水準を大幅に下回る。差額を保護費として受給していた。

「母親は放任でした。もう仕事と生活で精一杯で、自分のことは自分でしなさいって感じ。高校からは学費も全部、自分がアルバイトして払っていたので、親がなにか言う権限はないかな。貧困家庭で自分のことを自分でしたので、母親も親ってより、友達みたいな。病んだときも、いろいろ話を聞いてもらって理解してもらったうえで、少し休みなさいって意見だった」

離婚からの生活は、本当にギリギリだった。まずご飯を3食食べることができない。5キロ、10キロとまとまったお金がかかる米が買えなくなる。給料日前になるとおかずも買えないので、小さなサバの缶詰やカップラーメンを姉弟でわけて食べる。電気とガスは頻繁に止まり、冬場に暖房が使えなくなって毛布にくるまって過ごしたこともある。

「中学とか高校の制服代をどうしようってなったけど、基本的に貧困はそんな気にしていなかった。友達もちゃんといたし、そんな不利益はなかったかな。差別されることもなかったし。うちお金がヤバイんだよねって、私は貧乏人ってことをオープンにしていたので、友達のお母さんが食べ物をくれたりもしたし。田舎だったので助けてくれる人は多かった。栄養失調だったと思うけど、小学校6年生のときにDカップあったので発育も全然よかった。給食はもりもり食べたから」

高校卒業の頃には、もう平然と逆ナンパして即セックスを誘うようになり、完全に一皮むけたヤリマンになっていた。子供の頃から音楽が好きだった。好きなことを仕事にしようと、音楽関係のアルバイトに就いた。

「セックス相手は友達の紹介が多かったけど、音楽関係のアルバイトをはじめてバンド関係者と知り合った。友達からバンドマンはチャラい、ユルくて余裕って話を聞いていた。じゃあ、バンドマンを喰っちゃおうってなった。ロックもメタルもいろんなジャンルを喰いまくりました。同じ年齢くらいの男の子は一度ヤると、『好き好き』になる。男の子が追いかけてくるというか、次いつ会えるのみたいに訊いてくるから面倒。バンドマンはさっぱりして都合がよかった。楽だった。だんだんそっち専門にヤリまくるようになりました」

バンドマンは基本的に社会性がなく、自由で奔放だ。飲む打つ買うなど、男の欲望を体現するのがカッコいいという意識がある。ヤリマンから見ると、セフレや一夜限りの相手として絶好の人種だった。

「バンドマンはひ弱っぽいけど、狂ったような性欲の人もいる。最高記録で24時間で12発ヤったバンドマンがいました。ふふ、本当に24時間セックスし続けてクタクタになった。家でずっと飲んでいて、酔っ払って脱ぐじゃないですか。セックスする。それで少し寝て起きてセックスする。それをひたすら繰り返す。あのときは自分もよく体力と性欲が持ったなと思ったよ」

ヤリマンはいろんな男とセックスができて楽しい。ただ、特定の相手ができないので、たまにこれでいいのかと不安になることもある。

「自分が好きって思った人とは、うまくいかない。人間関係がセックスからはじまるじゃないですか。好きだと、何回も会いたいからセックスするじゃないですか。そうなってくると、男の人にとっては恋愛より都合のいい女になる。好きな人に対して、自分が都合いい女になっちゃうんですよ。だから恋愛はうまくいかないですね。諦めています。ヤリマンだから仕方がない。ヤリマンになってからも失恋はあるけど、傷つかないし、いい。自分がこんなんだから仕方がないって思えれば、傷つかないですから」

ある日、小学校の卒業文集に「将来はＡＶ女優になるのが夢」と書いたことを思い出した。面白半分でＡＶ女優の求人に応募した。受かってしまった。上京してＡＶ女優になっても、繁華街で逆ナンパをすることはやめていない。病んだドン底から立ち直れたのはセックスのおかげ、見知らぬ地の東京でも腹をくくったヤリマンは継続している。

青山希愛　中学生からずっとアイドル

青山希愛《きあ》はアイドルからAV女優に転身した。丸裸になって大々的にデビューしている。アイドル時代の最盛期は2000人を動員した有名グループで、最も年齢が若い彼女は中心的な存在だった。

「アイドルになったのは中学生から。AKBとハロプロが好きなアイドルオタクで、アイドルに憧れて自分もなりたいってなった。中学生のときにAKBのオーディションを受けて、最終選考まで残って最後でダメでした。それからアイドルグループを転々として、一番売れたのが高校2年のときに加入したそのグループです」

どうも、彼女は超お嬢様育ちだった。両親は多方面に事業展開する経営者で、東京の富裕層が通う有名私立小学校出身だった。たまに通学時間にその小学校の前を通ることがある。黒い高級車が続々と校門前に到着して、制服姿の小さな女の子が降りてくる、そんな風景である。

「今思えば、教育はすごいです。ごきげんよう、みたいな。お受験で小学校に入ってすぐに挨拶からキチンと教えられる。学校の授業でテーブルマナーとか茶道、華道もあったし。着付けとか日本舞踊とか。テーブルマナーの授業ではけっこう高級なホテルに行って、日本料理とかフレンチ、イタリアンってそれぞれのマナーを教えられる。外食に行って恥ずかしくないようにって作法ですね。その小学校時代にＡＫＢを好きになって、私も大島優子ちゃんみたいになりたいって思った。それがアイドルになった一番のきっかけです」

出身小学校では芸能活動は一切禁止である。テレビなどに出ようものなら、即時退学となる。

「だからエスカレーターで上がるのはやめて、地元の公立中学校に行って芸能の道を目指した。小学校時代に教えられたお嬢様みたいなのは全然嫌じゃなかった。それが普通だと思っていたし。逆に公立中学校に行ったときに驚きました。給食の配膳を自分たちでやるとか、牛乳を瓶のまま直で飲んでいる、クロスも敷かないとか。そんな人たちがいるんだって驚きました」

そして中学2年生のとき、ＡＫＢの研究生のオーディションを受けた。書類審査に通過して、面接にも合格して最終選考まで残った。最終選考には秋元康もいて、その選考で合格したメンバーで大活躍している人もいる。

「落ちたけど、親に今からAKBに入っても難しい、ゼロから作るグループに入らないと埋もれるだけと言われて、それはそうかと思いました。芸能コースのある高校に進学して、高校2年のときにあるグループのオーディションに合格した。私は最年少でメンバーは同じようにずっとアイドルを目指していた女の子たちです」

アイドル活動はメチャメチャ忙しかった。時間的に融通してくれる芸能コースのある高校でないと、学校と活動の両立はとてもできない。芸能コースのある高校は授業より活動を優先してくれて、出席できなかった授業の補講やレポート提出でのフォローをしてくれる。事務所が高校担任にスケジュールを伝え、高校側がやりくりする。

今の群雄割拠なアイドルは草の根活動だ。小さな会場で毎日のようにライブがあった。会場入り前に歌やダンスレッスン、撮影、レコーディングをする。あまりに忙しくて高校3年のときは、授業にはほとんど出られなかった。在籍しているとき、そのアイドルグループは何度かネガティブ事件を起こしている。

「アイドルグループの活動は少し売れたけど、正直うまくいきませんでした。事務所のせいですね。プロデューサーがファン相手に暴力事件を起こしたとか、メンバーが彼氏を作ってばっくれたとか。その子を事務所が訴えたとか。そんなことばかりがニュースになった。アイドルのときは恋愛絶対禁止、それはすごく厳しかった」

中学生、高校生の年齢から事務所にがっちりと管理、学校にも満足に行けないアイドルは、とにかく出会いがない。日常生活で接する異性はファンくらい。イベントやライブで、ファンと恋に落ちるケースも頻繁にあるという。

「私はこわかったので、恋愛禁止は守っていました。だからアイドル時代は処女です。ファンって自分のことが好きじゃないですか。だからイベントとかでちょっと優しくされたり、ちょっとカッコよかったりしたら揺れちゃうのはわかる。たまにオタクとかオジサンじゃない男の子がイベントにいるんです。アイドルの女の子はみんな10代で若いし、心の奥底では特定のイケメンが欲しい。だから恋愛禁止なのにイベントでファンとライン交換とかして繋がっちゃう」

アイドルグループでは年上のメンバーが恋愛禁止を破って、ファンと付き合って突然消えてしまった。事務所はそのメンバーとメンバーの親、一般人であるファンの恋人に本当に損害賠償請求をして、泥沼に。炎上からイメージ悪化して、最終的には解散にまで追い込まれている。裁判では事務所の主張が認められて一部支払いを命じる判決が下っている。

恋愛しただけで内容証明や訴状が飛び交う。その様子を間近で眺めて、自分がいる世界はおそろしい世界なのだと思った。

美のカリスマ・明日香キララ現象

高校も満足に行けない忙しさで、恋愛禁止、それを破れば訴えられるという厳しい環境で頑張ったが、お金にはならなかった。給料は安く、高校生のアルバイト程度の金額にしかならない。とても生活ができるようなお金ではない。

青山希愛は高校生で実家暮らし、さらに富裕層の娘だったのでなんとか活動ができた。アイドルである自分に暗雲が立ちはじめたのは、高校卒業直前だ。強硬で強気な体質の事務所と深刻にうまくいかなくなり、精神状態がおかしくなった。

授業どころか修学旅行も行けなかった。高校のクラスでも芸能人の男子がいて一線を超えそうな瞬間はあったが、恋愛禁止を遵守した。アイドル活動にすべてを捧げていたといえる。しかし、グループは崩壊状態になる。自分が生活できるお金も稼いだ経験はなく、将来が不安になった。恋愛禁止なので日々が忙しいばかりで心の支えもない。完全に病んでしまった。

「アイドルの最後のほうは心が疲れちゃっていたので、休息が必要な状態でした。精神的にもうダメでした。あのときは、本当に普通の女の子になりたかった」

高校卒業して初めての夏、グループから脱退した。事務所を移るわけではなく、中学生の頃からずっと一筋で続けたアイドルを完全に辞めた。

「アイドルで生活するとなると、やっぱり地上波に頻繁に出演してMステくらいで歌えるようにならないと無理です。精神的に限界だったし、きっぱり辞めることにしました。それからフリーターです。シュークリーム屋さんでバイトしました。家でなにも考えないでゆっくりした。家にいられるって幸せだなって思った。バイト先の先輩と恋愛したり、ファンとして好きなアイドルのイベントに行ったり。手に職をつけようと専門学校に入って、普通の生活をした。しばらくは普通の女の子をしていましたね」

フリーターのときにハマったのは、正統的なアイドルではなく、AVアイドルの明日香キララと恵比寿マスカッツだった。

「専門学校のときは普通に生活した。アイドルを辞めて一般人になってから明日香キララちゃんをすごく好きになって、それからAV女優を好きになった。イベントにも行ったり。かわいい女の子が好きなので、アイドルよりかわいいAV女優は本当に好き。応援したいと思った。明日香キララちゃんはアイドルよりスタイルいいし、顔が本当にかわいい。それに面白いし、本当に素敵だなって思った」

蒼井そらや明日香キララ、葵つかさに憧れて「AV女優になりたい」と言う女の子は本当に多い。AV女優が語る「憧れのAV女優」の話は、筆者はいつもスルーしてしまうが、青山希愛は明日香キララという名前が出てから、目をキラキラさせているのでそうもいかなかった。

AV女優の中でも明日香キララは圧倒的な女性支持がある。イベントには若い女性が殺到して、目の前にすると感激して泣いてしまう女子もいるという。ある雑誌で「美のカリスマとしての明日香キララ」という特集があった。そこで社会学者の鈴木涼美が「明日香キララ現象」を分析している。

「今は国力が減退していて、昼間の仕事でもキャリア形成が難しい時代です。就職しても100万円のボーナスをもらうことが現実的ではない。そこで女性が〝幸せになるにはどうすればいいか〟と模索したとき、本来生まれ持った〝女性〟の能力を使った方が、早く豊かになるのではと想定する。（中略）昼職では絶対に手に入らないような華やかな世界にいて、しかもかわいい明日香キララという人物が現れて、ロールモデルになっているんだと思います」（「EX大衆」2018年7月号）

美のカリスマと呼ばれる明日香キララに対して、一言一句頷くさすがの分析をしている。

明日香キララの存在を知ったとき、青山希愛は華やかなステージから離れて、専門学生でシュークリーム屋の店員だった。1年遅れで入った専門学校は全員年下ばかりで、溶け込めなくて悶々としていた。目指す資格を取得しても、将来は見えている。彼女は「AV女優」と検索してプロダクションに応募してしまった。

「中学生の頃からアイドルを5年もやって、いつもチヤホヤっていうか、なにかやれば注目された。普通の女の子をしばらくやったら、今度はAV女優になりたいって思っちゃいました。刺激中毒までいかないけど、もう一生、そういうことから抜け出せないのかも」

親には秘密で、大々的にAVデビューした。カメラの前でのセックスは、自分が明日香キララになったような感じがして嬉しかったという。

デビュー作の撮影現場に色黒のサオ師がいた。彼が3人目の男性経験となって巨根を受け入れた。

水川スミレ　AVを踏み台にして大成功する

人気AV女優の取材には、だいたいプロダクションマネジャーがついている。人気AV女優はお金を生む大切な商品であり、辞められると困る。カメラの前でプライベートを晒すという仕事であり、世間からはまず認知されない。若い女性が足を踏み入れると、そこには心が揺れる場面がある。

その原因はだいたい第三者からの情報だったりする。AV女優になにかが起こると、業界内からは「誰かに吹き込まれた」といった言葉が飛び交う。長年プロダクションはいらぬトラブルを避けるため、所属女優の人間関係や情報を遮断するというマネジメントをしていた。前述の通り、強要問題が起こり、AV女優とプロダクション、メーカーの契約の在り方、情報の差に人権的な問題があるとされた。その格差是正や契約による事故を防ぐために、AV業界はAV人権倫理機構という業界団体を作っている。

しかし、裸になる女性を発掘し、本番がある撮影現場に斡旋するプロダクションはグレービジネスという自覚があり、第三者団体の監視下で業務を完全に可視化、ホワイト化すれば、仕事がしづらくなる。売上は下がる。ずっとグレーのままでいたいというのが本音だ。

ＡＶ業界最上層部も突きつけられた問題に対して、かなり徹底して返答せず、風化するのを待った。ある大手ＡＶメーカーは報道機関の取材依頼は無条件に断るか、無視すると笑いながら言っていた。大学経営陣が自己保身のために嘘をつき続け、教え子まで犠牲にした日大アメフト問題が泥沼化したが、まったく同じことがＡＶ業界でも起こっている。世論や被害に遭ったと訴える女の子たちを無視し続け、今日に至ってＡＶ業界の上層部は、誰１人として一切表には出てきていない。強要があったことも認めていない。

グレー産業なので人前に出ることができない、それと犯罪まがいの行為は日常だったので認めてしまうとキリがないことは、ある程度は理解できる。陽を浴びた状態で表舞台に出てしまったら、日大経営陣のように嘘をつくしか乗り切る術がない。アダルトビデオからグレー部分を払拭して完全にホワイト化し、堂々と社会の一員になるなら、おそらく価値の大きな部分である本番撮影はやめるしかない。アダルトメディア不況でただでさえ危機的な状況にある中で、大幅に縮小せざるをえないその選択には、誰もとても踏み切れない。踏み切れるはずがない。

問題は大きくなりすぎてしまった。もう、AV業界は八方塞がりだ。全員がグレー産業を続けたいのが本音なので、まったく足並みは揃っていない。正直、このままだと消滅の危機にあるといえる。

「ビッグになりたい。うん、すごくビッグになる。なんのジャンルでもいいから、早く世に出たい！」

騒動の渦中、元気いい女の子が現れた。

「AV女優を踏み台にして女社長になるのもいいし、メディアに出るのもいいし、とにかくキラキラした世界で生きていきたい。それがうちの昔からの夢で、一貫して変わってないですね！」

水川スミレは、目を輝かせてそう言う。

歌手になれる、タレントになれると勧誘し、AV出演させることが強要として問題となるが、AV女優として売れれば頻繁にメディアに登場してツイッターフォロワーは激増、注目度が高まるのは事実であり、あながちすべてが嘘とは言えない。彼女のようにAV女優という職業や知名度の高い記号を利用して、自分の利益に繋げようという女の子はたくさんいる。

最近の若者には珍しく、大きな野望のあるエネルギッシュな女の子だった。

「中学校のとき、23歳の男と付き合った。スカイプで知り合った人で、親にバレたとき、なにしている人なのって訊かれたの。肉体労働系だったから『現場みたい』って言ったら、顔をしかめて大反対された。中学生のときは『将来は玉の輿にのったろ』みたいな意識で、男にしがみつけばいいって気持ちがあった。2人目の彼氏も現場系の人で、親が大反対して別れさせられた。そのときに男に頼って生きるのは無理って気づいた。それが理由で、将来は自分で大金を稼ごうって意識を変えたんですよ」

両親はホワイトカラーで、付き合う相手の職業にうるさかった。中学生から眺めれば、20代の年上の社会人男性は無条件に大人に見える。背伸びして付き合った好きな彼氏の仕事から、すべてを親に全否定されてショックを受けた。

とにかく上昇志向が強く、キラキラした女社長になりたいと強く願う。幸せな中流家庭のお母さん的存在には、なんの魅力も感じないという。

「高校卒業したらバリバリ仕事するって決めていた。就職とか興味ないから大学に行っても意味ないし、早く成功したい。だから高校2年、3年のときは、男と遊びまくった。社会人になってから男にうつつを抜かさないように、学生時代に徹底的に男と遊んだんです。最盛期は同時進行で5股とか。ははは。男が好きとかじゃなくて、いろんなジャンルの男の人を知りたかった。オジサン、イケメン、モデル系、遊び人、オタク、半グレとか、いろいろ。あと外人とか、顔が濃いとか薄いとか。SとかMとか、全部です。全員とセックスするわけじゃなくて、食事だけでキモイなって人もいる。そんな意識で遊びまくったから、経験人数とかわからない、数えきれない。あらゆるジャンルの男をマジで制覇しました」

掲示板とか出会い系アプリ、SNSなどを駆使すれば、男との出会いはいくらでもある。あらゆる男は若い彼女が現れると大歓迎してくれる。中学生で特定の異性との恋愛には見切りをつけて、時間の限り、男と接触した。

高校1年までは経験人数は1人だったが、2年以降で爆増する。

「高校のときに男を制覇して、一つ出た答えがオジサン好きってこと。うちはイケメン系が苦手。ナルシストだし、うちが遊び人だからこそ、遊び人の精神構造がわかる。中身がない、薄い。薄いくせにプライドが高くて、勝ち誇っている精神性に苛々する。あとオラオラ系も嫌い。態度がでかいし、俺に惚れているみたいな勘違いが、キモイ。一番よかったのはオジサンとM系かな。M系で知識と経験がある人が好き。だからうちがセックスしたり、付き合う人は普通の感じのオジサンが多いです」

在学中にオジサンとセックスをしまくり、高校卒業。すぐに上京した。あるベンチャービジネスの手伝いをしているとき、AV女優にスカウトされた。AV女優として表舞台に出て、世間に名前を売って成功を掴む、という絵図を描いた。

「手伝っていたビジネスに行き詰まって、方向転換したいと思っていたときに誘われた。AV女優は有名になれるし、キラキラしているし、目立つし、表舞台にすぐに出れるってところが魅力だと思った。聞いた瞬間に絶対にやりたいと思って、本当に即決しました」

すぐデビューが決まって、初めて表舞台に立つことができた。

日々、名前が売れていくのを実感する。AV女優で有名になって、なにかビジネスを編み出して起業する。海外と日本を行き来し、グローバルな活動をしたい。10年後の30歳のとき、プール付きのマンションで幸せに暮らしているのが目標だ。

彼女が優雅に暮らす予定の10年後。生き残っているAV業界はとても想像がつかない。AVどころか、超高齢社会で日本は大変厳しいことになっている。

二極化する格差をこのまま放置して、まったく財源が足りない社会保障も崩壊すれば、街に高齢者の遺体が転がり、スラムができる社会も想定内だ。日本の一般社会からセーフティネットが消えて、暴力の蔓延するAV業界みたいになってしまえば、持たない者は奪う。AV業界のように弱い者は脅されて奪われまくる。暴力性のない弱者がターゲットにされた強盗や強奪は日常茶飯事となり、警察も暴力に慣れてしまったり、担当する警察個人が買収されたりして、危険極まりない荒れ果てたことになるのではなかろうか。

そんな事態を避けるためにはプール付きのマンションに住んでいるような超富裕層から、超高額な税金をとる必要がある。荒廃する前に足りない者に分け与える再分配である。まあ、野心と希望でギラギラしている水川スミレに、もちろんそんな話はしなかったが……。

大手AVメーカーの女子新入社員

2018年1月。大手AVメーカー新卒社員と、人気女優相沢みなみの取材をダブルヘッダーすることになった。

混迷を極めるAV強要は解決の兆しはなく、2年近くに及んで延々と炎上している。政府、政党、警察庁、警視庁が本格的に問題解決に着手し、大手マスコミは事態の深刻さを報道し続けている。長年グレー産業だったアダルトビデオの実態が続々と可視化され、AV業界の逮捕者はなんと100人を超えてしまった。

これ以上深刻な事態はない末期的な状況としか思えないが、一般社会に興味がないAV関係者は、今日も何ごともなかったかのように問題視される日常業務を継続する。この時代に大学新卒でAVメーカーを選択する女性社員の取材は気が進まなかった。

「あるAVメーカーに勤めています。給与は手取り16万円くらい。撮影が土日祝日になるのは当たり前で、休日出勤はカウントされない。会社も社員もテッペンを越える残業、休日なしが当たり前という感覚。ブーブー文句言っているのは私だけです。お金も時間もない生活で、本当に貧しいですから」

河合結愛さん(23・仮名)は、黒髪童顔の清楚な女性だった。待ち合わせの喫茶店に到着するなり、会社の愚痴がはじまる。昨年中堅私大から、ある有名AVメーカーに新卒入社。制作部に配属され、忙しい日々を送る。

「なにかしら、自分の好きなことをクリエイトできればいいなって。その通過点が今の会社。でも、自分の好きなことは、まだ模索中。元々は写真と洋服が好き、大学時代にファッション誌の研究をしました。今、会社の一つ上の先輩と付き合っていて、元カレと違ってクリエイティブな話ができる。日常生活は、長時間労働以外は満足しています」

クリエイトするのはいいが、河合さんの会社は複数のAV強要騒動を起こしている。現在、あらゆる方面から批難轟々な状況だが、末端社員である本人はなにも気にしていないようだった。彼女が就職活動して入社したのは社会問題化後で、全国紙や報道機関がAV業界の実態を繰り返して報道した渦中だったはずだ。

自らAV関係者となって反社会的な烙印を押され、さらに給与は安く、ブラックな違法労働が繰り返される。常識的な大学生ならば、そういう道は選ばない。AV現場の最前線にいる彼女の発言やニュアンスから、AV業界内で問題に対する箝口令と情報統制が敷かれているようだ。一切、強要問題について口外するのは禁止されて、報道やニュースも見るなと言われているのではないか。大きな問題であるにもかかわらず、当事者である末端のAV関係者はなにも知らない理由がわかった。

「(AV業界は) すごくクリアな世界です」

強要問題について質問を投げると、やっぱりトンチンカンなことを言いだした。

「女の子がAV女優になる理由は、昔と変わらずお金が欲しいからと、有名になりたいからがあるんです。AV業界だけじゃなくて、一般メディアで活躍するAV女優に憧れてくる女の子が本当に多くて、私は嫌々仕事をしている子は見たことありません。だからAV強要問題は一部の女の子が勝手に被害を騒いでいるだけのことなのかなって、そう思っています。本当は、すごくクリアな世界ですよ。労働環境は酷いけど、AV業界はちゃんとした世界です」

嫌な予感は当たった。社会動向に興味のないクリエイティブに憧れる若者に深刻な現状を伝えても仕方がないので、頷きながら聞いていた。先日、彼女の勤務先に深いかかわりのあるAV業界の上層部が逮捕されている。社内教育か情報統制によってクリアな世界と思い込む彼女は、そのような事態をなにも知らない。プライベートのない長時間労働と徹底した情報遮断、「ちゃんとした世界」と洗脳状態になる環境に置かれていた。

隣にいる編集者に訊くと、この取材は「貧困女子取材」のようだ。給料水準が低めで労働法を守ってない会社で働くのは気の毒だが、いくらなんでも貧困ではない。

貧しい状態に陥ったのは、昨年まで同棲していた「クリエイティブでない」元彼氏と別れてから。大学時代から家賃8万5000円の部屋を彼氏と折半して住んでいたが、別れたことで全額負担になった。手取り16万円から半分以上が家賃として消えて、自炊の時間はなくすべて外食なので食費がかかる。

3カ月前。給料日10日前にまったくお金がなくなり、空腹で目がまわる状態になった。ある撮影で「つなぎ」と呼ばれるお菓子を貪るように食べたことがあった。

「生きるために副業したくても、ブラック労働で1秒も時間がない。餓死するかも、みたいなヤバイ状態になって、ある日、撮影中に空腹で倒れると思った。もう我慢できないと、隠れてつなぎのお菓子を食べまくったんです。ポテチとかチョコとか。ロのまわりがポテチまみれの姿を現場の先輩だった今の彼氏に見つかって、帰りに泣きながら貧しい現状を話しました。それで、なぜかその日にセックスしちゃって、それから私の部屋に一緒に住むようになった。それから家賃は半分払ってもらって、なんとか生きているって感じです」

映画監督を夢見ているAV監督見習いの彼氏と、クリエイティブ好きの彼女は自宅で毎日クリエイティブについて語りながらセックスをしているらしい。最後に一応AV業界で逮捕者続出のことを訊いたが、「そういうニュースは見ないです。興味ないですし」と一蹴されてしまった。

相沢みなみ　親バレしてふっきれた

溜息をつきながらミリオン出版に戻ると、相沢みなみは先に屋外で写真撮影していた。隣にいたプロダクションマネジャーによると、現役有名私大生で富裕層の娘らしい。現在大学4年生、就職はしないでAV女優を継続することを決めているという。2年前「19歳のエロ美少女」として大々的にデビュー。親にバレる事態だけは避けたかったが、すぐにバレた。

「高校のときに仲良くしていた元親友が、うちの実家に電話してバラしたんです。お母さんに電話して、ちょっと伝えたいことがあってって。相沢みなみって名前を言って作品を検索するじゃないですか。もう、その日にパニック状態になった親から何通もショートメールが届いて大変でした。親はAV女優に反対、『AVで売れなくなったら風俗にいって、最終的には自殺するのよ』みたいなことを言われた。いやいや、しないから。生きたいから」

母親に電話したのは高校時代の親友だった。別の大学に通っている。大学進学のために一緒に上京して、本当に仲が良かった。

「毎日一緒にいましたね。その子の性格はみんな同じ列にいたとして、誰かが前に出るとその人を潰すの。自分が一番になりたいから。だから私がAV女優になって一歩前に出たのが気に喰わなかったんだと思う。友達にもAVのことを面白おかしく言いふらして、あいつAV女優やっているみたいな。だから高校の同じクラスだった人とか、ほぼ全員が知っています。その子がみんなに言ったから。意外にネガティブな反応がないのが救いでした」

最初は親にバレることを警戒して、パブNGにして宣伝を控えていた。しかし、すぐにバレてしまったのでどんどん前に出ることにした。多くの人の目に留まって、それなりに売れた。AV女優は貧困で仕方なく出演するより、大切に育てられた女の子のほうが、裸にギャップがあるので売れる可能性が高い。

「父は商社。お母さんは専業主婦。家はすごく厳しかった。まず厳しく言われたのは門限。小学校が16時半、中学は17時、高校は19時。それまでに絶対帰らないといけなくて、鍵閉められちゃう。だから友達とお泊まりとか絶対にダメだし。まわりに厳しい家庭がなかったので、私だけ友達と遊びに行けないの。22時、23時くらいに帰ればなにも言われない子もいたけど、私は全然そういうわけにはいかなかった。お小遣いも少なかったし、高校時代はもっと楽しみたかったですね」

大切に育てられた女子である。得意科目の英語を中心に勉強はしていたので、大学にはすんなり合格した。

「大学生になってからは門限23時まで大丈夫になって、だいぶ楽になった。AV女優になったのは、大学生になってしばらくしてスカウトされたから。繁華街をふらふらしているときに声をかけられて、AVとか知らないし、考えたことなかった。話を聞いてもこわいし、不安しかないし、どういう世界かわからないしって。そのスカウトの人にずっと口説かれて、1年間以上口説かれました。最終的にやろうかなって思ったのは、事務所のスタッフと仲良くなったから。今までの生活では会うことがないような人たちで、面白いなと思った」

単体デビューが見込める女の子は、1年間という膨大な時間がかかっても、粘り強く口説かれる。

「声はよくかけられていた。でも、ほとんどのスカウトマンはお金をたくさん稼げるとか、美味しい話しかしてこない。怪しいなってずっと思っていたけど、事務所はいい話ってより、一緒に頑張ろうって感じだった。元々はモデルとかそういう仕事に憧れがあった。スナップとか、雑誌に何度か載ったことはあるし。目立ちたいとか、有名になりたいっていう願望はあった。人より目立っていたい。だから中学高校も派手なグループに属していたし、そこらへんの地味な女にはなりたくないって意識は強かった」

母親にバラした元親友は、高校時代の派手グループのトップだった。大学生になって相沢みなみが、続々と人脈を広げているのが気に喰わなかった。仲間内のマウンティングである。

「誰かが目立つと対立しちゃう。昔からそう。覚えているのは高校時代だけど、学校内ではできることは限られる。普通の学校だったら髪の毛を明るくするだけで、それだけで目立つじゃないですか。校則が厳しかったのでちょっとスカート上げたり、髪の毛の色を少しだけ明るくとか、ギリギリ注意されないレベルのラインをやる。大きな声ではしゃいだり。そんな中でその子は親が金持ちだったので、金持ちアピールが多かった。なんでも買ってもらって、それで目立っていた。高級な化粧品とかたくさん持っていたし」

声をかけられたのは大学1年生の夏。大学2年になってもずっと口説かれ続け、AV女優になることを決めた。大学2年秋にデビューしている。それまで経験人数は3人だけ。派手グループに属していたが、ずっと真面目だった。

「学校は普通に通っているし、収入はあるけど、なにか大きく変わったことはないかな。大学では誰にもバレてないし、遊びにもあまり行かないからお金も使わない。大学の同級生はみんなでサークルに入って、最近では就職活動とか。大学の友達には親のコネでベンチャーに就職が決まったって、適当なことを言っています」

この取材は、相沢みなみが自ら誌面に登場したいと、出版社に志願している。続々と新人女優がデビューするAV女優は競争が激しく、前に出て名前を売らないと継続できない。親バレをおそれメディア露出を控えていた出遅れを取り戻したいというのが志願の理由だった。

「卒業しても就職しません。AV女優やる。だから名前を売るって必死です。毎月いろんな子がデビューするから、なにもしていないと新しい女の子に流れちゃう。今まで真面目に学校通って、普通に就職っていう環境だったけど、こんな面白い世界があるって知れてよかった」

無数にいる女の子の中から相沢みなみに声をかけて、辛抱強く1年間口説き続けてくれたスカウトに感謝しているという。

第六章
熟した女のプラスチック製の宝石

池原ゆかり　立ち食いそば屋の長靴おばさん

平日昼、都内オフィス街。24時間営業の有名な立ち食いそばチェーン。「いらっしゃいませ〜」と、男性店員の声が響く。

オフィス街の飲食店が最も繁忙する12時、サラリーマンたちは湧いてきたように街に現れ、立ち食いそば店の自動販売機で食券を買う。食券を店員に渡すと同時にそば、うどんを店員に伝える。茹で釜に麺を放り込み、すぐに器にあげる。だし汁を注いで、天ぷらを乗せる。客は黙々とそばを胃に流し込む。すでに客は数人並んでいる。食べ終わると、一息もつかずに食器を返却口に戻し、店を出る。つかの間のランチは、5分ほどか。

最も繁忙する時間だ。立ち食いそば店は2人の高齢男性と、1人の中年女性でまわしている。白い割烹着、長靴姿の中年女性は、2週間前に初めてAV撮影を経験して、これからAVデビューする池原ゆかり（50）だ。

彼女は手際よくそばを完成させる高齢男性の横で、黙々とセットのミニどんぶりを作る。時給1100円のフルタイムパート。都内の月6万6000円の小さな木造アパートで、一人暮らしするバツイチ熟女だ。

「仕事はどんぶり作りとか、天ぷら揚げ、それと清掃。茹でこぼしが常にあって、それの掃除。ひたすら。次の番の人に『いつもきれいにしてくれて、ありがとう。やる気が出るよね』みたいなことを言われると、次もちゃんとやらなきゃって思う。天ぷら用の野菜とか、おにぎり作りとか、やらなきゃならないことは山ほどあるけど、頑張って掃除しちゃう。サボろうと思えば、サボれる。けど、真面目にやっちゃっているから、けっこう大変です」

当然、AV出演したことは職場の男性たちは誰も知らない。誰もが立ち食いそば屋で働く、普通のおばちゃんと思っている。実際、長靴姿にまったく違和感はない。

迷惑がかからないように外から20分ほど、勤務する繁忙時間の立ち食いそば店を眺めた。全員が忙しく働き、客たちは黙々と食べるだけ。立ち食いそば店は男性客ばかり。唯一の女性である彼女は、店舗の華となるわけでなく、おばちゃん店員として溶け込んでいた。

14時。今日は繁忙時間のみの出勤だった池原ゆかりは終業となる。近くで待つと、長靴姿からはかけ離れた、胸部を露出したキャバ嬢のようなスタイルで現れた。あまりにも似合っていないので驚いた。AV女優らしいスタイルをしようと、先日通販で買ったようだ。地に足がついていないことを自覚しているのか、取材をはじめても斜め下を俯きがちで自信なさげだった。

「離婚して4年です。4年前に東京に出てきて、一人暮らしです」

東北出身で高校卒業以来、地元でフリーターをしていた。飲食店でアルバイトしているとき、店の男性客と結婚した。

「結婚11年で離婚です。離婚の理由は全部言ったらキリがない。収入がある人だったので、結婚生活は働かなくてもよくて経済的にはとてもよかった。でも私、このまま死んじゃうのみたいな、漠然とした不安がずっとあって、それから細々した不満が溜まって離婚しちゃいました」

前夫は年収1000万円を超えるプログラマーで、結婚の条件は専業主婦でいてほしいということだった。毎週5万円、月20万円のお小遣いをもらって優雅で裕福だった。結婚生活の11年間、なに一つ困ることのない生活をしていた。

「子供ができなかったので、かなり退屈でした。夫は朝早くから深夜までほとんど仕事でほぼ家にいない、まったく1人で家にいる状態。パートをしたかったけど、夫が認めてくれなかった。いろんな条件が出てくる。お弁当屋さんとか喫茶店とか募集していたからちょっと行ってみたいと言うと、『自分が起きる時間に朝食作れるのか』とか、急に家事をやれみたいな話になる。パートすることに反対なのって訊くと、逆に『なにが不満でバイトがしたいの』ってなる」

朝6時半に夫は家を出て行く。5時半に起床、急いでお弁当を作り、朝食の用意をする。夫が出かけると、シーンとした静寂が訪れる。趣味も特技もなにもない、好きな映画も俳優もいない、友達もいない、子供もいない。時間だけが有り余る。今日、なにしようか。暇すぎて、途方に暮れた。任されているのは家事だ。翌日の弁当の食材を買い出しに行く、掃除する、それくらいしか浮かばない。

田舎の一軒家。周囲と近所には、なにもない。世界に自分だけが取り残されたような気分になって、どうして生きているのかわからなくなった。

「確かになにも困っていないし、お小遣いはもらっているし。欲しいものが買えないことは、一切ない。どうしてバイトがしたいのかと訊かれても、答えられない。悩んじゃって。もういいや、面倒だからパートは諦めようってなりました。11年間、その繰り返し」

経済的には満たされていたが、孤独でなにもない生活だった。久しぶりに4年前の結婚生活を思い出したのか、本当に暗い表情になっていた。しかし、地に足がついていないドレスは池原ゆかりの人生を象徴していた。

生きていて常に不満があり、でも自分がなにを求めているかわからないので混乱する。混乱から抜け出したくて、薄っすらとした理想を求めて動くほど、さらに理想からズレて不満が大きくなる。話を聞いていてもよくわからないし、とても共感はできない。今現在のそれにも不満があるようで「またか」と溜息をついていた。

自分らしい人生がわからない

「これまでの人生、なにも考えてこなかった。だから結婚も遅かったたし」

実家は東北の田舎町で、みんな結婚は早い。女は専業主婦になって家庭を守り、子供を育て、親の介護をするのが常識だった。バブル世代や自由なフリーターが持て囃された時代だった。

なにもない田舎がつまらなくて、早くに結婚した周囲が幸せには見えなかったので

「私は自由に生きるから」と、親や親戚に反抗した。なににも縛られたくないと反抗をしても、子供の頃から成績がよかったことは一度もなく、部活動もしていない。趣味も特技もなにもなく、ただただフリーターを続けただけだった。

高校時代から「楽しくて自由で充実した自分らしい人生を送りたい」と、親や親戚に何度もそう主張したようだ。でも、なにをすれば充実した自分らしい人生を送ることができるのかわからなかった。いずれなにか見つかるだろうとフリーターを続けたが、なにも見つからない。30歳を超えて、自分の将来は大丈夫かと悩むようになった。35歳で結婚した。

「いくら悩んでも、やることがない。だから、すごく浪費した。買い物しかしたいことがなかった」

田舎である。買い物をするのは通販サイトだ。結婚してからは洋服や家具、雑貨のサイトを毎日眺めて、「これを手に入れたら自分の生活が変わるかも」と期待を膨らませた。買う。商品が届く。でも、なにも変わらない。そんなことを延々と繰り返した。

「それで、挙げ句に生活がもっとつまらなくなった。結局、お金を出して買い物しても、すぐ飽きるし、つまらない。お金をもらって、たまには気持ちを入れ替えて貯金しようとか思っても、結局、何十万円か貯まったら、何十万円かの家具を買っちゃう。どんな高価な家具を買っても、なにも変わらない。全然ダメ。結婚してお金に余裕ができても、いつも虚しいという状態。でも、買い物しかすることがないのでやめられない。それでもっと虚しくなる」

池原ゆかりの溜息は、さらに深くなった。話せば話すほど、深みにはまっていくような状態に見えた。

専業主婦時代は、どんなにゆっくり掃除をしても朝8時には暇になった。ぼーっとテレビを観ていても11時くらいで限界になる。夫が帰ってくる18時まで、毎日ずっと通販サイトを眺めていた。新しいなにかを見つけることができなかったので、それしかすることがない。

「一番お金を使ったのは、家のリフォーム。家にすごく執着して凝りまくりました。アジアン家具とかたくさん買った。実際、たくさんお金をかけたからお洒落な部屋だったと思う。でも、家具って買い替えるのはいいけど、元々あったものはどうするのって。家に置ききれないから、廃品回収の会社にお金を払って引き取ってもらう。無駄なお金はたくさんですよ。お洒落な部屋にしても、自分はなにも変わらない。本当に虚しくなるし、自分自身に対する焦りみたいなものはもっと酷くなる。なにも解決しないです。頑張って家のリフォームをやっても、夫とは一緒に喜び合えないし。ああ、いいね。高いだけあるね、くらい。色合いがいいとか、そういうことはなにも感じない。そういうことにも不満があったし、結婚は失敗だったなって思った理由でもある」

年収1000万円を超える人の仕事は責任が重く、忙しい。池原ゆかりの話を黙って聞いていたが、暇すぎて通販サイトに依存する主婦の価値観には、やっぱり共感できなかった。

11年間、そんな時間が有り余る結婚生活を送り、46歳のとき、本当に離婚に踏み切ってしまった。

「一番は、私の我慢が足りなかったこと。わがままで贅沢なことを言って離婚するのは、どうかと誰でも思う。でも、自分らしく生きられないというのが本音。でも離婚したからと、自分らしく生きられるわけがなかった。はは。それはわかっていたけど、やっぱりそうなっちゃった。今日、なにをしようかってことに追い詰められる。

脅迫されるような感じ。なにもすることなさすぎて、心臓がバクバクするみたいな。今日はなにをしたらいいのって混乱するというか」

自分らしく生きるために、経済力があった夫を切った。離婚の意向を夫に伝えたときも、高校時代に親に主張したように「自分らしく生きたい」と何度も言ったという。市役所に離婚届を提出、自由になったと気分が晴れやかになった。

住宅系のサイトで東京のアパートを調べ、夫からもらった何十万円かの手切れ金でアパートを契約した。今度こそ「自分らしく生きる」、そう誓って新幹線に乗った。一人暮らしするアパートは東京のお洒落で有名な住宅街を選んだ。

幾多の悩みを乗り越え、東京で一人暮らしをはじめた。そうしてやっと掴んだ職業が「立ち食いそば店員」だったのだ。

現在月収は平均17万円、年収200万円。家賃6万6000円と光熱費を支払ったら、相対的貧困に近い水準だ。貧乏を超えて、貧困者となってしまった。お洒落な住宅街もお金がないとなにもできないし、孤独な田舎生活となにも変わらなかった。「自分らしく生きる」と言い訳しているうちに、50歳を超えてしまった。

上京してから生活の生命線は、主婦時代に作った6枚のクレジットカードである。

買い物をしてもなにも解決しないとわかり切っていながら、買い物癖は抜けない。今着ているドレスも、1週間前にリボ払いで買って3日前に届いたばかり。

赤字生活の穴埋めを、キャッシングやリボ払いで切り抜けていた。4年前に上京してから、ずっとATMにお金を出し入れしている。

「東京の生活は夫も家族も、知り合いもいないから、もっともっと孤独。彼氏なんて当然、友達もいないです。だから買い物も、全然止められていません。この前も物欲が湧いてきて赤いトースター買ったら、レンジも赤に合わせたいってなった。それでカーテンもシーツも、全部赤いものを買っちゃって。今、部屋は真っ赤です。本当に悪循環です」

スマホに保存されたアパートの部屋の写真を見せてもらった。本当に真っ赤だ。すべての家具や小物を赤に合わせ、壁には薄型テレビがかけてあった。目がチカチカする。ラブホテルのような部屋だと思った。

「全部リボ払い。もう1年くらい前からカードは本当にヤバイ状態で、何枚かはもう使えない。カード6枚あるけど、今現在、正確にどんな状況か理解していません。現実を知りたくない。明細書はこわくて見れないから、すぐに捨てちゃう。借金は

100万円超えているのかな、150万円超えているのか、全然わからない。最近はおそるおそるレジに行って、買えるうちは大丈夫みたいな。停止になったら、諦めようって感じ」

立ち食いそばのパートだけでは生活はギリギリ、借金は返せるはずがない。現実から逃げるばかり。それではいけないと思って、高収入の仕事を探した。風俗の求人の中に「AV女優」という文字を見つけた。応募した。

「もう、だいぶ前から、生きていてもなにもない。それはわかっていた。だからAV女優もいいかなって。私、あと2、3年で死にます。冗談とかじゃなくて、正真正銘の本心で本当に死にたい。あと2年くらいなら、立ち食いそばとAV女優でなんとかなりそうじゃないですか。もう、それでいいし。人生、思い残すことはないです。生きていても、なにもない。自分にはなにもないってことは痛いほどよくわかっているので、それでいい」

どうせ、なにもない。だから行きたいところもないし、音楽も映画も男も興味ない。買い物をいくらしても虚しい、全部わかっていること。もう、悟った。

「自分らしく生きるとか、そんなことを言って50年も経っちゃった。子供がいればお母さんとしてやるべきことがあったかもしれない。けど、いないし。だから、もう死ぬ、それでいい」

池原ゆかりは最初から最後まで、憂鬱が晴れぬ表情だった。

死ぬしかない、真顔で何度もそう言っていた。結局、彼女が自分らしく生きるとこだわった人生は、誰も知る人のいない住宅街で、立ち食いそばのおばちゃんをしながら、リボ払いの支払いにとことん追われること。本当に近々に死ぬならば、それで人生終わってしまうことになる。

今着ているのは、通販で買って3日前にアパートに届いたドレス。さっき立ち食いそば屋の更衣室で初めて袖を通した。胸に彩られたプラスチック製の宝石、紫色が虚しくどんよりと光っていた。

成宮いろは　いい子でいないといけないって思い込んでた

成宮いろはは「スカパー!アダルト放送大賞2016熟女女優賞」を獲得した人気女優だ。

　アダルト業界の熟女女優賞などと言うと、生まれながらに華があり、カメラの前に立つことで圧倒的な存在となった女性を想像しがちだが、要はどれだけ男性視聴者の欲情の対象になったかということだ。

　誰もが美人で華やかな女性のほうが欲情する、というわけではない。育ちがよくて真面目で堅く、とても裸になる姿が想像つかないような淑やかな女性が、圧倒的な華がある女性を凌駕したりする。

「熟女って呼ばれる年齢になってから、もっと思い切ったことをしてみたい気持ちが芽生えた。内向的な自分を変えたかった。AV女優になった理由も、それ。真面目で素直すぎる自分に大きなコンプレックスがあって、自分がすごく嫌いだったから」

　取材をはじめると、成宮いろはは なぜか泣きだしてしまった。嗚咽を漏らして涙がこぼれる理由は、よくわからない。

「ずっと、いい子でいないといけないって思い込んでいた。3人姉妹の長女だけど、下の妹が病弱だったから、あまり、自分のわがままとか言えなくて。『お姉ちゃんだから、しっかりしなさい』って、ずっとそう言われて育った。親とかまわりの期待に必死に応えようとして、学級委員とか生徒会とかやった。親にも親戚にも、地域や学校でもいいお姉ちゃんの優等生って思われていて、ずっと自分の考えを人に言うってことがなかった。本当に全然なかった」

泣いている理由がよくわからないので、あまり質問をしないで聞いていた。

田舎のそれなりに厳しい家庭で育って、成績のいい優等生で、妹たちの面倒見もよく、親からの信頼は厚かった。長女、優等生という立場が重かったようだ。

「自分の考えを人に言うってことがなかった。全然なかった。自分の意見をまわりに言えなかったし、友達とも本音で付き合うことはなかった。だから親友みたいな存在はできたことがなくて、自分のことを話せる友達はいなかった。自分から壁を作っていたと思うけど、学生時代はなにも面白くなかったし、今振り返っても後悔ばかり」

中学高校は優等生、東京の短大に進学した。いい子でいないといけないと思い込んで親や大人に褒められる日々は、思い返してもなにも話すようなことはないようだった。

「反抗期はまったくなくて、ずっと親がこの高校いいんじゃない、この短大いいんじゃないみたいなのに頷いてきた。就職も同じで、母親がこの会社がいいってところを選んだ。結局、反抗期とか遊んだ時期が全然なくて、いい子のまま大人になっちゃった。そのときは、素直でいい子にしていることになんの疑問も感じていなかった」

地元を離れて東京で学生生活をはじめても、親が決めた門限の厳しい女子寮に入ったので「いい子」である立場は変わらなかった。

「門限は21時と厳密に決まっていて、友達と夜に遊びに行くこともなかった。だから全然遊んでないです。少しバイトしたくらい。キリスト教の教育寮で朝6時に起きて、礼拝があってお掃除してみたいな。門限は21時で外泊は申請を出さないとできない。サークル活動とか夜飲みに行く程度のこともできなかった。私だけじゃなくて、まわりの友達もみんなそうだったから、遊びたいとか、そういうことを考えることもなかったかな」

結局、東京に出てきて華やかで有名な短大に入っても、なにも変わることがなかった。教授や先生に気に入られて、サークルや寮内でも真面目な優等生という立場で、就職も親の言うままに決めてしまった。20歳、誰もが知るアパレルメーカーに就職した。

「親の薦めとはいえ、自分が入りたいと思っていた会社に入った。今思えば、自分がまだまだ子供で、人間的に全然成熟してなかったことが理由だけど、まわりの人たちとうまくいかなかった。アパレルは女性社会で、有名な百貨店の店舗で販売をやったんですね。まわりの先輩たちとうまくいかなくて、百貨店の売上もガクンと下がった時代で、なかなか売上が上がらなかった」

　優等生で他人が眺めれば順風満帆な人生、初めて行き詰まったのは給与だけでは一人暮らしができない、という経済的なことだった。手取り16万円で、家賃は６万５０００円。社会人になって生活が突然苦しくなった。

「給料が安くて、お金が足りなかった。生活できなかった。手取り16万円で、そこから毎月自社の洋服を制服代わりに買わされる。それが3万円くらい。もうその出費だけで東京で一人暮らしはできません。給料だけだと本当に難しい。少しお金が欲しかった。まわりにもダブルワークをしている同僚はたくさんいて、私もやろうと思って銀座のクラブに入りました。大人の世界。その中に20歳そこそこの世間知らない田舎者が入っても、なにもわからない。いろいろ揉まれていく中で、どんどん自分が嫌いになっていったんですよ」

　話しながら、また泣いてしまった。ずっと、大人しく真面目で自分を表現することはいけないと思っていた。それは世間知らずで人間関係は狭いかもしれないが、それなりに幸せな人生だ。しかし、自分で選んだ道ではない。銀座という最高峰の繁華街で水商売をやったことで、小さい世界で生きていたことに気づいた。そして、今までの自分を否定してしまった。その壁は大きく、思い返すと涙腺が切れてしまう。

強迫観念的な自己否定からの解放

「アルバイトでホステスをはじめて、変に背伸びをしちゃっていた。なにも知らないのに、知っているふりをしていないとやっていけなかった。就職するまではなにも考えてなかったけど、大人になってから夜の世界に踏み入れて、今まで小さな世界しか知らなかったって思い知った。いろんな世界を見たことによって、自分っていう存在が井の中の蛙ってことを知ったし、世の中にはいろんな世界があることを知った」

昼の世界でレールの上を生きるのも十分に誇れることだが、成宮いろはは夜の世界に生きる大人の女性をカッコいいと思ってしまった。そこから自分自身の中のなにもかもが変わっていく。

「銀座は年齢が上のお姉さんばかり。ママは60代で、ホステスさんは30代、40代のお姉さん。その中になにも知らない私がポンと入っちゃった感じ。大人の女の人とか、夜の匂いのする人たちを見たら、すごくカッコよかった。自分もそこに近づきたいと思って頑張ったけど、やっぱり年齢も経験も全然違って無理だった。そこで変な風に背伸びをしちゃったんですよね」

百貨店の販売職はシフト制、休日は平日になる。休日や休みの前日にホステスをした。一歩外に出れば、なにもかもが劣っている自分を自覚しながら、新しい世界が覗けると前向きに働いた。

「短大時代から付き合っていた人がいて、22歳のときにプロポーズされて結婚しそうになった。お互いの両親に挨拶して、向こうが長男だったから実家を改装して2世帯に、みたいなことまで決めていた。銀座で働きだしたのは、ちょうどそんなとき。彼に内緒でこっそりホステスはじめたんです。昼も仕事して、夜も仕事して忙しかった。時間がなかったのもあるし、夜働いているうちにもっと世の中を知りたいって欲求が出てきて、自分に対するコンプレックスもどんどん芽生えた。だから結婚の話は進んだけど、自分自身は日が経つほどに迷っちゃった。最終的にまだ結婚はしたくないって、相手に伝えて別れた」

自分自身ではなにも考えないで有名な服飾メーカーに就職した。夜の世界を経験して、だんだんと世の中の仕組みがわかってくる。一般職で就職しているので販売の仕事からは抜けることができない。販売は誰でもできるので替えが利く、しがみついて頑張ってもゴールは店長で、今の上司である店長が楽しそうにも幸せそうにも見えなかった。会社は「社員の成長」という社是を掲げているが、本業より、ホステスのバイトのほうが自分を成長させていたし、自分に必要なことだと思った。

「お酒が一滴も飲めない。でも、お店では頑張りたかったので、無理して働いていた。全然飲めないから、飲んで吐いてみたいな感じで。しばらくそれで頑張っていたけど、飲んで、飲んで、吐いてだから、逆流性食道炎を頻繁に起こすようになって。あまり長くは続けられないなって悩むようになって、なんとなくヤリマンみたいになっちゃいました」

小さな世界で生きてきた真面目なだけの自分に対してコンプレックスまみれになり、気持ちが常に悶々とするようになった。

水商売では日常的に男性に口説かれる。今までならば、男性のナンパは断っていた。自分は間違っていた、新しいことをしたいという意識が極めて強くなり、気づいたら何人もセックスフレンドができた。男性経験人数は2人だけだったが、どんどんと増えた。

「彼氏とか好きな人の前では抑えちゃう。かわいいとかいい女と思われたいから。でもセフレってカラダだけの関係で、そういう相手のほうが大胆になれる。だから悩んでいても悩みを忘れられるし、すごくよかった。最終的にはセフレにハプニングバーとかカップル喫茶に連れていかれて、乱交みたいな。その人には『君はセックスに対してポテンシャルが高い。変態が集まるような場所は好きだと思う』って言われた。確かに居心地がよくて楽しかった」

会社を辞めた。お酒を飲む仕事も体調が悪くなるばかりで限界だった。安月給だったので貯金もない。これからどうしようと悩んでいるとき、たまたまAV女優募集の広告を目にした。

「本当に突発的で、たいした理由ないです。自己否定が強くなりすぎて、思い切ったことをやってみたかっただけ。エッチなことに興味あった。あと単純にお金も欲しかった。やっぱり一番は自分を変えたいなと思ったこと。親にはとても言えない仕事だけど、私はよかったと思う。自分に自信が持てるようになった。少なからず私を評価してくれて、ファンの人から反響が返ってくる。自分の存在が確認できたのと、必要とされている感覚がある。自分のカラダもそうだし、顔もそうだし、あまり自信がなかった。でも、こんな私でもかわいいって言ってくれる人がいる。それは嬉しかった。こんな自分でも、生きていていいって思ったし」

ＡＶ女優になって、やっと強迫観念的な自己否定から解放されたという。

「セックスまみれのときって、変な物質が出ているのかな。ハイになってもうヤリたくてしょうがない。そういう感覚に陥るから、ヤれちゃう。ＡＶ女優は基本的にエロいことばかり。それが映像によって実現できるのは楽しいし、ＡＶ女優になって初めて自信が持てた。だから、ずっと続けたい」

真面目に生きた反動が強固な自己否定とセックスに向かった。真面目に生きた女性に対しては性を想像しづらい。そこにギャップが生まれて、需要に繋がる。個人に対する需要は、当然自己肯定に直結する。

カメラの前でセックスをしたことで、どんよりと溜まっていた自己否定の膿が綺麗に流れ消えてしまった。

小早川怜子　綺麗にしていればお金になる

「男優さんはおちんちんが太い人が多くて、セックスばかりするとアソコが壊れちゃう。だから、AV女優の仕事は月10日以内にしてもらっています。ええ、暇ですよ。プライベートは特になにもしてなくて、エステとか美顔に行ったり、男の人と会ったり」

小早川怜子は、日々の生活をそう語る。

抜群なスタイルを持つ彼女は人気があり、出演依頼はトップクラスに多い。月20本以上出演したとき、性器が限界になった。現在は月10本以内という「セックス制限」を設けているという。

呼ばれた撮影によって小早川怜子の年齢は変わる。29歳〜38歳くらいの年齢を撮影当日に言い渡される。面倒くさいので実際の年齢は隠している。アダルトビデオで演じるのは淫乱妻、スケベ妻、異常性欲妻の役が多い。実際、彼女はどうなのだろうか。

「小学校の頃から目立ちたかったけど、クラスの中心メンバーにはハブにされるし、クラスの役職に立候補しても誰も相手にしてくれないし、モテないし、全然ダメでした。中学デビューもしたかったけど、結局イジメられた。クラスでは地味でイジメられっ子で、いてもいなくてもいい存在だった。けど、心の中では将来モデルになりたい、みたいなことはずっと思っていましたね。イジメに関しては、なんとも思っていないのでそんなトラウマみたいにはなっていません」

親は国家公務員で堅い家だった。子供の頃はモテない上に勉強が嫌い、さらにイジメられてなにもいいことがなかった。地元の低偏差値な私立女子高校に進学した。中学時代からガラリと雰囲気が変わって、まわりの友達はユルイ女子ばかり。朝から放課後まで会話は男と下ネタばかりだった。高校1年、毎日学校でセックスの話ばかりしているので、とにかく処女を捨てたいと思うようになった。

「高校では、まわりの全員が処女を失った。クラスも部活も私以外、全員です。私はモテないから全然そういう気配がなくて、とりあえずみんなと同じように早く捨てたいって思っていました。それでクラスメイトに男を紹介してもらった。14歳上のオヤジでした。そのときは処女喪失だけが目的だったので本当に誰でもよくて、その人とヤった。オヤジだからまあまあ上手で『あ、気持ちいいな』って感覚になった。それで学校で友達と下ネタ話をしているうちに、もっと気持ちよくなりたいって思うようになった。処女を捨ててからは友達に男をいろいろ紹介してもらうようになって、高校時代はセックスばかりしていました」

週に1、2人平均でセックスを続けた。同じ高校生の恋人ができても、セックスはやめなかった。経験人数が20人を超えたあたりから数え切れなくなり、高校卒業の頃には少なく見積もっても150人には達した。

「専門学校に行きました。卒業して和菓子屋さんに就職して、ずっと手取り12万円くらいの生活を続けていました。働きだしてからは遊びもやめて、1人の彼氏と付き合っていましたね」

就職で実家を出て、ある地方都市に住んだ。家賃3万9000円の小さなアパートで、低賃金の貧乏暮らしを数年間続けたという。

「20代前半はずっと地味な生活でした。知らない街で一人暮らしして、とにかく寂しい。節約料理を作るのも好きで貧乏は大丈夫だったけど、そのとき付き合っていた彼氏にかまってもらえなくて、寂しさから他の人に行ってしまった感じです。とにかく1人でいるのが寂しくて、テレビが面白くて笑っても1人じゃんみたいな。実家を出たからまわりに友達がいないし、友達が欲しいって理由でキャバクラ嬢になりました。それから誘われたので個人撮影のモデルとかはじめて、だんだんと私のことを口説いてくる男の人が現れるようになった。今までそんなことなかったのに、なんで？って。すぐに毎月お金くれる愛人みたいな人もできました」

女を売る仕事に転向した瞬間に風景が変わった。続々と男が寄ってきて恋愛やセックスを求めてくる。中年オヤジは全然嫌いではない。寄ってくる男たちと喜んで接していたら、毎月十分生活できるお金をくれる人が現れた。愛人は1人、2人、3人と増えていき、気づいたときには和菓子屋の10倍以上の収入があった。愛人が増えて時間がなくなったので和菓子屋は辞めた。

「綺麗にしていれば、お金になるって初めて気づきました。愛人ができてからお金が余るようになったので、自分に投資するエステとかにどんどん使った。脂肪をほぐしたり、代謝をよくしたり。美顔したり。それだけでもけっこうお金はかかります。エステをすれば、また男の人が寄ってきて、そんな繰り返し。なんとなく、今に至っています」

5年前、エッチしてスポットライトが当たる仕事だったら面白いかなとAV女優になった。単純な理由、深い意味はない。軽い気持ち。

「この10年ぐらいはセフレとか愛人を作ろうと思えば、いくらでも作れるし、お金にもセックスにもまったく困っていない。ただモデルにずっと憧れていたから見せる、見られる仕事がしたくてAV女優ですね。目立ちたいと思ってずっと目立てなかった。大人になって、やっと実現できた」

自分を綺麗にするために投資を惜しみなくすると、さらにまた別の男が現れる。寄ってくる男の中には、当然富裕層もいるので色恋によって再分配がされる。小早川怜子は、気づかぬうちに好循環に身を投じていた。

愛人は半分仕事、恋愛はプライベートという感覚で、愛人ができてから何人も恋人がいる。全員に愛人の存在は隠して、誰にもバレていない。収入も本当の収入の1桁減で伝えている。

収入があるのでたまにブランド品を買ってしまって、それを親や姉妹に見られることがある。数年前から国家公務員の堅い両親、キャリアウーマンの姉が彼女の素行を怪しんでいる。和菓子屋を辞めてからは「芸能事務所の事務をしている」と伝えている。微妙な嘘をつき続けていて、今のところ家族はその報告を頑なに信じているという。

山田奈央（仮名）　AVデビューした街娼

1年前に池袋の熟女街娼の取材をした。

先日、当時取材した熟女街娼の山田奈央（40・仮名）がAVデビューをしたというので、この本にも書いている。彼女の作品を発売したのは超マニアックな熟女メーカーで、知り合いに頼み込んで関係者を紹介してもらって、自分で直接売り込んだという。彼女はホームレスだった。そして、簡単な言葉でいえばものすごく醜い。さすがにスペック的に難しいんじゃないかと思ったが、贅肉まみれの全裸で楽しそうに闊歩する撮影現場の写真がスマホに送られてきた。

2017年、山田奈央は池袋西口で活動する街娼だった。AV女優はさすがにたまにしかできないので、現在も街娼は継続中という。

「立ちんぼ？　北口にいるのは中国人と台湾人、日本人は西口駅前だから」

山田奈央はバツなし未婚で、住所不定。ホームレスだ。数年前から池袋駅西口で街娼（立ちんぼ）をする。髪の毛はボサボサ、所々に脂が浮き、体型はポッチャリを超えてかなり太っている。貧困に苦しむ悲壮感は、まったくない。笑顔は突き抜けていて、陽気で楽しそうだった。

「私、趣味と特技はセックス。だから、毎日楽しいよ。けどね、糖尿病になっちゃった。原因はたぶん牛丼の食べすぎ。家のない生活はけっこう体力が必要で、そろそろ知っている人が薦めてくれる生活保護を受けるかも。この何年かの不摂生でカラダにガタがきた。原因は全部食べ物だと思う。池袋に来てから、全部外食だから」

寝泊まりするのは、主に知り合いの家、または漫画喫茶か客に料金を出してもらったラブホテルだ。週に何度かは利用する漫画喫茶は低価格で、天井まで扉のある個室、シャワー完備なので快適らしい。

1日は、朝10時に漫画喫茶のチェックアウトからはじまる。寝起きは悪く、午前中は目を覚ますために池袋を歩く。身長160センチ、体重85~90キロと重い。長時間歩くことはツラく、休みながら池袋西口公園や西池袋公園を歩く。

ランチタイムとなって混雑する前に、牛丼屋に入る。吉野家も松屋もすき家も常連だが、「牛丼が一番おいしい」吉野家の頻度が高い。食欲と体調、財布の中身によって注文するサイズは変わる。並もあれば、特盛を2杯いくことも。牛丼を流し込むように食べて、13時前後から池袋駅西口に立つ。

立つエリアは、西口駅前のタクシー乗り場から池袋西口公園の一帯だ。街娼は夜に活動するというイメージがあったが、池袋西口で売春する街娼はみんな基本的に昼間に活動するらしい。西口駅前はビジネスマンから学生、家族連れ、児童までが普通に通行する。自分から声をかけるわけでなく、立ったり座ったり歩いたりしていれば、勝手に男性が声をかけてくるという。

「何時間かいれば、遊ぼうとか、ホテル行こうとか、声かけられる。別に客は選ばない。基本的に誰でもいい。私に声かけてくるのはハゲオヤジみたいなのが多くて、オヤジは責めがうまいから悪くないよ」

売春代は人によって異なるが、最も多い価格はホテル代込み1万円という。話がまとまれば、客を北口にある休憩３０００円のホテルに誘導してセックスをする。

「はじめた頃はまだ今より景気もよかったし、ほとんどの客はホテル別で1万円だった。けど、今は値段が下がってホテル込みで1万円になっちゃった。ホテル込みで７０００円なんて言われることもある。かかる時間は客によってそれぞれ。私、基本的になにもすることがなくて暇だし、金も家もないから、ウザくないオヤジだったら、夕方とか夜までホテルにいる。お風呂にゆっくり入ったりする」

1日、売春以外になにもすることがない。食事は朝の牛丼からはじまって暇さえあれば食べてしまう。好きなのはファストフードだ。牛丼、マック、ドーナツ、ラーメン、立ち食いそばをローテーションする。たまにお金があるとき、イタ飯屋や焼き肉店で900円のランチを食べる。そんな生活をずっと続けて糖尿病になってしまった。

客は合理的に1日何人も見つからない。1日1人を見つけて7000円を稼ぐことが目標で、収入は牛丼と漫画喫茶の代金でほとんどなくなってしまう。週5、6日は売春しないと生きていけない。

運よく夕方から2人目の客がついたときは、ラブホテルで深夜までダラダラする。ラブホテルではAVを観る。彼女にとってアダルトビデオは「AV男優とセックスしてお金をもらえて、本当に羨ましい」という憧れの存在だ。

「2年くらい前に客が紹介してくれて、アダルトビデオの撮影にエキストラで行ったの。男優が全裸でいるから興奮しちゃって、なんか追いまわしたら怒られて追い出されちゃった。はは」

客が泊まりのホテル料金を払ってくれれば、そのまま泊まる。飽きるまでアダルトビデオ鑑賞して、興奮してきたら客とセックスするかオナニーをして眠る。ほとんどの日は池袋でダラダラと過ごして、22時を越えると漫画喫茶にチェックインする。朝からずっと外にいるので疲労は溜まる。そのまま横になって眠り、気づいたら朝になっていることが多いという。

「セックスは大好き。楽しいし、気持ちいい。だから嫌なことなんてなにもないよ」

山田奈央が喋ることは、それればかりだ。いくらなんでも売春しか収入源のないホームレス生活を続けていれば厳しいだろうと、一緒に池袋を歩きながら、厳しい現状を迎えることになった理由を質問した。彼女は自分が普通じゃないという自覚がない。質問の意味を理解してもらえずに難航した。途切れ途切れに聞いた経緯の断片を繋げると、彼女は東京近郊の私立女子高校を中退か卒業。検索してみると、かなりの低偏差値校だった。

子供の頃から得意なことや、やりたいことはなにもなく、高卒以降は実家暮らしのままずっと近所のコンビニでバイトした。生業に就かないことが原因で、親とはだんだんと険悪になる。

ずっと趣味もない人生を送っていたが、26歳のときにパチンコと出会ってハマった。パチンコが楽しくて毎日朝から入り浸り、月のバイト代が1日でなくなることも頻繁だった。ちなみに好きな台は「海物語」だ。夢にも魚群が出てくるようになった。お金はないけど、パチンコがしたい。

負けて無一文になって店内をウロウロしているとき、中年男性に声をかけられ、セックスをして1万5000円をもらった。それが初めての売春だった。気持ちよくてお金ももらえた。そこでセックスにも目覚めたという。

味をしめた山田奈央は、パチンコ屋で売春を繰り返した。大規模店で店内や換金所をウロウロと歩いていると、誰かしら声をかけてくる。その場でお金が欲しいことを伝えて、交渉成立すればすぐに近くのラブホテルへと行く。せっかちな客のときは、店内のトイレですることもあった。売春で稼いだら、すぐにパチンコ台へと戻る。それをフィーバーするまでやった。

パチンコ屋に何年間も、朝から晩まで入り浸る娘に親はあきれ果てた。親子の仲は険悪を超え、最終的には絶縁となった。最後に母親からかけられた言葉は「おまえなんか産まなきゃよかった」だった。その言葉を聞いた山田奈央はブチ切れして、勢いで家出した。そのまま電車に乗って、池袋に着いた。それが5年前で、今日に至るという。家には一度も帰っていない。

そして先日、憧れだったAV女優デビューを果たした。

主役として撮影されて屈強AV男優とセックスして、舞い上がって撮影現場で撮った写真が、送られてきた画像だった。どう考えても、彼女の作品がまともに売れるとは思えない。出演料は、せいぜい3万円程度じゃなかろうか。もしかすると、AVメーカーはそんな金額も払ってないかもしれない。

彼氏は双子のヤクザ

「彼氏は双子のヤクザなの。ふふふ」

この取材のとき、山田奈央が最も前のめりになって話したのは、現在の彼氏のことだった。

「最初、彼氏が双子だって知らなかったの。辰治（弟・仮名）と竜二（兄・仮名）っていうんだけど、見た目はいかにもヤクザ。パンチパーマでジャージ着て、サングラスしてクネクネ歩くみたいな。最初は辰治が売春の客で、ホテル別1万円だった。けど、セックスしているときに『俺の女になれ』って。セックスもうまかったし、まあ、いいかって。辰治は喧嘩ばかりしているすごいバカで、しのぎはカツアゲみたいなこと。一緒に歩いていると、すぐに誰かを脅したりして金をとっている」

彼氏の辰治は池袋か大塚を縄張りにする武闘派ヤクザで、地位的には下っ端のようだ。狂犬みたいな人物らしい。前科８犯、チンポにシリコン玉が２個埋まっていた。シリコン玉は、ちょうどＧスポットに当たって気持ちいいらしい。最初のセックスで、辰治の虜になった。

「付き合ってからは毎日のように会った。知り合って３カ月くらいは、毎日毎日セックス。完全に溺れちゃった。ある日、辰治のアパートに行ったの。板橋区ね。そのとき、我慢できなくて玄関から出てきた辰治を押し倒しちゃったの。脱がして騎乗位でして、なんか感覚違うなって。ちょっと痛いし、変だなって。そしたら、その相手は辰治の双子の兄の竜二だったの。きゃはははは」

辰治が住むのは、板橋区にある家賃４万５０００円の老朽アパートだ。福祉物件であり、生活保護で生活している。

その頃、彼女も生活保護受給が可能か行政に相談していて、１週間ほど売春していなかった。住民票は実家にあるので、現状のままだと難しいと返答された。行政で難しい制度の話を聞き続けたことと、久しぶりの禁欲生活で性欲が溜まっていた。

我慢の限界になり、辰治とセックスしようと東上線に乗って板橋まで行った。アパートの玄関を開けた辰治を即、押し倒した。ジャージを脱がして生挿入する。しかし、押し倒して脱がした相手は兄・竜二だった。

双子の兄は彼氏と瓜二つ、誰もが見分けがつかないほど似ているという。外見の違いはほぼなく、唯一チンポのシリコン玉の数だけが違う。兄・竜二はチンポに11個のシリコン玉を埋め、辰治と感触はまったく違った。彼女は興奮状態で腰を振りまくっている途中、相手が別人であるとようやく気づいた。辰治からは双子の兄がいると聞いていていた。相手は辰治の双子の兄だと気づいた。しかし、ピストンしているうちに気持ちよくなり、そのまま獣のように腰を振って発射までいったという。

漫画のような異常な話だが、最近本当に起こった実話のようだ。

「その日に辰治にも話した。けど、あーそうなんだって笑っていた。それから彼氏は2人になっちゃった。2人ともセックスが強いから好き。シリコン玉11個も好きになった。いつどっちとセックスしても全然OKだけど、2人とも3Pだけは嫌がる。だから3Pだけは一度もしたことないかな。楽しそうだけど」

携帯に辰治の写真があるという。見せてもらった。

パンチパーマにジャージ、教科書通りのDQNだった。現在ヤクザは暴排条例の影響で厳しい環境に置かれている。辰治のような暴力しかないヤクザは八方塞がりで稼ぎがなく、お金を持っていない。おそらく最底辺街娼の山田奈央と疑似恋愛関係を作って、買春代を浮かしているという貧乏くさい事情じゃなかろうか。すぐに人を脅す貧乏ヤクザなど、条例でがんじがらめの現在は誰も相手にしない。こわくて貧乏でモテないのに性欲が強い辰治は、性欲発散の相手がなかなか見つからず、半年間も格安売春婦である彼女と恋愛したフリをして、無料でセックスし続けているのだ。

山田奈央が出演した熟女カルトAVは、来月発売されるという。

あとがき

　成り行きでAV女優のインタビューをするようになってから、もうだいぶ経つ。『名前のない女たち』（02年）『アタシは生きる!!』（04年）『〝恋愛〟できないカラダ』（06年）『名前のない女たち最終章』（09年）『名前のない女たち～貧困AV嬢の独白』（17年）に続く6冊目のAV女優本になる。

　最初の頃はAV女優のインタビューをしながら日々試行錯誤して、一言でいえば「AV女優は性の玩具ではなく、人間だ」みたいな若気の至りともいえる意識高めなテーマがあった。ここで女優の人権に触れるつもりはないが、アダルトビデオは女性そのものが商品となってセックス映像を提供する仕事なので、男性にとって都合がいい存在であることが正義で、自分自身を優先して男性の都合がいい存在であることを否定するのは悪になる。

　自分自身を優先する、大切にする女優は悪なので、そういう女優の苦悩に共感するのは悪いことで、ときに攻撃されることもある。利益を生む行動が称賛され、逆になれば批難されるのは、どの産業も同じかもしれない。しかし、売り物が女性たちの新鮮なセックスなので話が厄介なのだ。将来的にAV女優をしたことを後悔する人は、他産業と比較すると桁違いの割合だろうし、個人の未来のことなど誰もわからないので、なにもかもが非常に刹那的である。

素晴らしい、素敵、本当に頑張っている、頑張り屋さんと絶賛されるのは、徹底した男尊女卑の中で男性が都合いいように演じ続けている女優であり、うまくバランスがとれずに苦しむ女優は多かった。筆者は同情したり、憤ったりしてグチャグチャになりながら継続した。

個人的なグチャグチャのピークは『名前のない女たち最終章』(09年)の頃だ。AV女優の転換期で、自らの意志で前向きに活動する女性が増えていた。女優たちが前向きになった途端、AV業界は掌を返したように世の中の新自由主義流行に乗ってどれだけ男性に都合がいい女になれるかという競争を持ち込み、居場所のなくなったAV女優がわらわらと集まってきて、次々に絶望を語った。新自由主義を持ち込めば、最終的にはほぼ全員が負ける。前向きだった女優が自殺したりして、本当にメチャクチャだった。自殺者を前にして楽しい業界だけを語り、勝者だけを称賛するのは無理である。もう、なにが正しくてなにが間違っているのかわからなくなった。限界を感じた。

役割を終えた高齢者がのうのうと生きる少子高齢社会の中で、これから人生がはじまる若くて美人のAV女優がどう考えても死ぬべきではないが、その正論すら正しいのかわからなくなった。勝者しか称賛されないなら、いずれ死ぬことになるわけだから。

筆者はかなり悩み、AV女優に自分の価値観を持ち込まない、徹底して傍観者であるべきという答えを出した。そう思ったのは数年前で『名前のない女たち〜貧困AV嬢の独白』以降になる。情報を掴むために必要な最低限の質問以外、ほとんど自分からは喋らない。ただただ聞くだけに徹している。本書では死ぬ、死にたい、死んだ、という話が多かったが、それはたまたまであるものの、快楽を扱う世界は死と表裏一体であることに他ならない。

本書は月刊誌「実話ナックルズ」のAV女優連載で、カラーページという雑誌構成による理由で、登場するのは主にAV女優になったことで恩恵を受けている人気女優たちになった。企画女優メインだった「名前のない女たち」シリーズの女性たちとは環境や立場が異なり、人気女優は基本的には自分自身の選択に満足している。

今まで通り個人の物語に耳を傾けながら、連載開始早々に強要問題が起こったこともあり、書籍化においては彼女らが集う快楽と暴力と死が蔓延する「AV業界」という場にこだわった。

そこは、まさに異界である。その空間の異常さを一般社会側から糾弾しているのが強要問題で、自分たちの社会が生んだ異界という理解がないまま、一方的に責め立てるのでさらなる分断に陥っている。本文でも書いている通り、異界に一般的なルールを求めて「非を認めて」「足並みを揃えて」「改善」させるのは困難であり、無理難題だ。みんな一般社会から弾かれて漂流しているので、居心地のいい異界しか知らない。自浄能力はない。

AV女優のインタビューをはじめ、性の取材は「欲望」を掘り下げていく作業である。彼らは欲望を大切にする人々であり、一般社会と折り合いがつかなくて異界に流れている。アダルトビデオが生まれた35年前からずっと裸になってセックスを繰り返して、気持ちよく楽しい宴を繰り広げている。そこに急に「戻れ、社会の一員になれ」と言われてもすんなりといくはずがない。

そろそろ異界は女性の入口を狭くして、男性たちの都合で勝ち負けを生まない「共生」が必要な時期に来ているが、みんな宴に狂っているのでそういう話はできないでいる。

２０１８年８月
中村淳彦

初出＝「実話ナックルズ」２０１６年５月号〜２０１８年８月号
文中一部敬称略。登場人物の年齢は取材当時のものです。

中村淳彦（なかむら・あつひこ）
東京都生まれ。編集プロダクション勤務を経てフリーライターに。AV専門誌「オレンジ通信」での連載からはじまる企画AV女優インタビューシリーズ『名前のない女たち』、風俗業界をルポした『日本の風俗嬢』『女子大生風俗嬢』、デイサービス事業所経営での経験から介護業界の実態を暴いた『崩壊する介護現場』『ルポ 中年童貞』など著書多数。

ハタチになったら死のうと思ってた
ＡＶ女優19人の告白

2018年8月1日初版第1刷発行

著者　中村淳彦

写真　池田宏（小西まりえ、有奈めぐみ）
金子山（葉月もえ、青山希愛、成宮いろは）
諏訪稔（涼海みさ、三田杏、相沢みなみ）
田附勝（丸山れおな、蓮実クレア、桜ちなみ、水川スミレ、小早川怜子）
編集・発行人　早川和樹
装幀　伊藤信久
本文DTP　サンゴグラフ

発行所　ミリオン出版株式会社
〒101-0065　東京都千代田区西神田3-3-9　大洋ビル
電話：03-3514-1480（代表）
発売元　株式会社大洋図書
〒101-0065　東京都千代田区西神田3-3-9　大洋ビル
電話：03-3263-2424（代表）
印刷・製本所　大日本印刷株式会社

ISBN978-4-8130-2278-7　C0076